Aufsatzlehrbuch

für

Polizeibeamte und -Anwärter

Praktische Anleitung zur Fertigung von Berichten und Abhandlungen

von

Joseph Bergauer,

Hauptlehrer an der Gendarmerie- und Polizeischule Fürstenfeldbruck

1928

München, Berlin und Leipzig

J. Schweitzer Verlag (Arthur Sellier).

Printed in Germany.

Druck von Dr. F. P. Datterer & Cie., Freising-München.

Vorwort.

Jeder Polizeibeamte muß seine Gedanken schriftlich einwandfrei ausdrücken können. Ein großer Teil unserer jüngeren Polizeibeamten hat seine allgemeine Bildung während der Kriegsjahre erworben, zu einer Zeit also, in der die Schulverhältnisse stark unter den ungünstigen Einwirkungen des Krieges litten. Es ist deshalb erklärlich, daß die Ausbildung dieser Polizeibeamten besonders im Deutschen Mängel zeigt. Diese können in den Kursen der Polizeischulen nur dann völlig behoben werden, wenn jeder Beamte nach besten Kräften an seiner Ausbildung arbeitet.

Das vorliegende Aufsatzlehrbuch soll ihn in dem Bestreben nach Vervollkommnung seiner stilistischen Fähigkeiten unterstützen. Zwar gibt es eine Reihe guter Aufsatzbücher, doch sind diese meist nach Form und Inhalt für eine höhere Bildungsstufe geschrieben. Auch betonen sie vielfach übertrieben den Stoff, das „Was?" des Aufsatzes. Demgegenüber soll das vorliegende Buch zeigen, wie man einen Bericht oder Aufsatz anfertigt. Da Lesebücher, Lehrbücher und Fachzeitschriften eine Unmenge guter Beispiele bieten, genügen uns hier einige charakteristische, die aber vollständig durchgeführt sind. Der größere Teil des Buches ist fast völlig auf die Praxis des polizeilichen Schriftverkehrs eingestellt, weshalb dieses auch der ältere Polizeibeamte nicht ohne Gewinn aus der Hand legen dürfte. Selbstverständlich sollen die Beispiele nur in bezug auf die sprachliche Form, nicht in bezug auf den polizeitechnischen Inhalt ein Vorbild sein.

Im Anhang enthält das Buch einen Abschnitt aus der deutschen Sprachlehre über die wörtliche und nichtwörtliche Rede. Derselbe wurde beigegeben, weil der Polizeibeamte in seinen Berichten viel mit diesen Redeweisen zu tun hat und sie deshalb beherrschen muß. In fast allen Sprachbüchern aber ist diesen Kapiteln nur wenig Aufmerksamkeit geschenkt, besonders der nichtwörtlichen Rede, die sich ja auch nur schwer und niemals vollständig in Regeln fassen läßt.

Aus der Praxis des Unterrichtes an der Gend.- und Polizeischule hervorgegangen und für die Praxis geschrieben, soll das Buch nicht neue Wege zeigen, sondern den Leser mit bewährten Methoden bekannt machen. Sein Stoff ist absichtlich nur auf das für den Polizeibeamten und -schüler Notwendigste beschränkt. Sollten Erweiterungen und Verbesserungen sich als wünschenswert erweisen, so nimmt der Verfasser Vorschläge hiezu aus dem Leserkreis gerne entgegen.

Die Regeln für die Abfassung schriftlicher Arbeiten sind auf sämtliche Kapitel verteilt. Deshalb wird jedem Leser dringend empfohlen, nicht bloß die ihn interessierenden Abhandlungen zu lesen, sondern sämtliche Abschnitte des Buches aufmerksam durchzuarbeiten. Wendet er die erworbenen Kenntnisse bei jeder sich bietenden Gelegenheit an, so dürfte der gewünschte Erfolg nicht ausbleiben.

Der Verfasser.

Inhalt.

Technik der Arbeit.

Aus der Art und Weise, wie jemand seine schriftlichen Arbeiten erledigt, lassen sich schon Rückschlüsse auf die Qualität seiner Arbeit ziehen. Bei Prüfungen aus dem Aufsatz kann man folgende Beobachtungen machen:

Der eine fängt gleich nach Bekanntgabe des Themas mit Feuereifer zu schreiben an, reiht Seite an Seite, schaut zum Schluß erst nach, was er eigentlich alles hat und fügt schließlich nachträglich noch eine Disposition seines Aufsatzes an. Der andere starrt mit fiebrigen Augen auf das Thema, beißt an seinem Federhalter herum, kaut an seinem Bleistift, bringt einige Brocken zu Konzept und quetscht endlich mühsam einige dürftige Abschnitte aufs Papier. Ein dritter schreibt fein säuberlich auf sein Blatt: Einleitung, Hauptteil, Schluß, brütet die Hälfte der Zeit über der Einleitung, kommt gerade noch zur Ausführung des Hauptteils und pappt in der letzten Minute noch einen Satz als Schluß hin. Der kleinere Teil der Leute nur schafft mit klarem Kopfe planmäßig und ruhig, wirft hin und wieder einen Blick auf die Uhr und liefert zur festgesetzten Minute eine abgerundete, saubere Arbeit ein.

Wie für Sport und Spiel müssen wir uns auch für die Erledigung schriftlicher Arbeiten eine gewisse Technik angewöhnen. Dies geschieht dadurch, daß wir bei Lösung einer jeden Aufgabe eine bestimmte, als praktisch anerkannte Reihenfolge der Arbeiten einhalten, und dies solange, bis uns die Reihenfolge in Fleisch und Blut übergegangen ist. Bei den hiezu nötigen Übungen müssen wir des öfteren auch mit der Uhr in der Hand schaffen, damit wir auch lernen, mit der Zeit auszukommen.

Unsere Technik entlehnen wir dem Hausbau. Wenn der Baumeister ein Haus bauen will, muß er sich zunächst über den Zweck des Gebäudes im klaren sein. Kein Bauherr würde ihm dafür dankbar sein, wenn er statt einer Villa eine Autogarage hergestellt bekäme. Dann muß der Baumeister wissen, welches Material ihm beim Bau zur Verfügung steht. Er kann seinen Plan erst anfertigen, wenn er weiß, ob er mit Zement und Eisen oder mit Ziegelsteinen und Holz bauen soll. Der Bauplan aber ist sehr wichtig. Ohne denselben würden Material und Zeit vergeudet und der Erfolg der ganzen Arbeit in Frage gestellt. Ist der Rohbau fertig, so muß der Baumeister seine Sorgfalt allen Einzelheiten der Innenausführung, wie Böden, Türen, Installationen usw. zuwenden. Schließlich läßt er das ganze Haus vom Bauschmutz sauber reinigen und übergibt es dann zum vorher festgesetzten Termin schlüsselfertig dem Bauherrn.

Die Arbeitsweise beim „Bauen" einer schriftlichen Arbeit ist ganz die gleiche wie die beim Hausbauen. Das erste ist, daß wir durch eine gründliche Überlegung das Thema richtig auffassen. Dann kommt nicht gleich die Einleitung dran, sondern die Stoffsammlung. Bei der Sammlung des Stoffes ergeben sich Einleitung und Schluß meist ganz von selber, was noch dazu den Vorteil hat, daß diese in engster Beziehung zum Thema stehen. Hierauf wird der Stoff geordnet, wodurch wir als Bauplan eine klare Disposition erhalten. Auf Grund derselben führen wir nun das Thema ohne Ängstlichkeit nach Möglichkeit in einem Zuge aus und zwar zunächst als Rohbau auf das Konzeptpapier. Ist es geschehen, dann geht's an die „Innenausstattung". Verstöße gegen Sprachlehre und Rechtschreiben müssen verbessert, Unebenheiten im Stil ausgeglichen werden. Dann erst bringen wir die ganze Arbeit sauber zu Papier, lesen sie zur Ausmerzung aller Unachtsamkeiten noch einmal (womöglich laut) durch und liefern sie schließlich zur bestimmten Stunde ab.

Für oft wiederkehrende Ausdrücke suchen wir uns schon bei der Stoffsammlung eine Reihe sinnverwandter Wörter, die wir dann abwechslungsweise anwenden. Das nochmalige Durchlesen am Schlusse ist sehr wichtig: Wo das Auge stockt oder das Ohr einen Mißklang wahrnimmt, wird sicher ein Fehler sitzen. Unvollständige Arbeiten, in denen der Korrigierende die zweite Hälfte im Konzept nachlesen muß, machen von vorneherein einen schlechten Eindruck. Damit man mit seiner Zeit auskommt, darf man die Arbeit nicht zu breit anlegen und außerdem bei einzelnen Arbeitsvorgängen nicht zu lange verweilen. Als Anhaltspunkt für die Zeiteinteilung bei Prüfungsarbeiten kann folgender Vorschlag dienen: Durchdenken des Themas, Stoffsammlung und Gliederung = $1/3$ der Zeit, Aufsetzen und Verbessern = $1/3$, Reinschreiben und Durchsicht = $1/3$ der Zeit.

Übersicht über den Arbeitsvorgang.

1. Durchdenken des Themas.
2. Sammeln des Stoffes.
3. Ordnen des Stoffes (Gliederung).
4. Aufsetzen der Ausführung.
5. Verbesserung der Verstöße gegen Sprachlehre, Rechtschreiben und Satzbau.
6. Reinschrift.
7. Durchlesen.

Woran muß ich bei der Durchsicht meines Aufsatzentwurfes denken?

Wer nicht völlig gewandt und sicher im schriftlichen Gedankenausdruck ist, muß seine schriftliche Arbeit vor der Reinschrift entwerfen. Das „Aufgesetzte" darf aber nicht ohne weiteres für gut und schön befunden werden. Der Reinschrift muß unbedingt eine gewissenhafte Durchsicht und Verbesserung des Entwurfes vorangehen. Hiebei muß sich der Ungeübte nachstehende Fragen vorlegen:

Inhalt:

Ist der Inhalt der Sätze und Abschnitte richtig?
Bin ich nicht zu weit vom Thema abgekommen?
Sind wichtige Punkte genügend hervorgehoben?

Satzlehre:

Steht überall der treffende Ausdruck?
Haben sich nichtssagende Phrasen und Flickwörter eingeschlichen?
Sind die Abschnitte und die Sätze durch die richtigen Bindewörter eingeleitet?
Bezeichnen die persönlichen Fürwörter einwandfrei die von ihnen vertretene Person?
Kann ich für die Wörter „es" und „dies" nicht bestimmtere Ausdrücke gebrauchen?
Kann ich nicht durch Umstellen von Sätzen, durch Anwendung von Frage- und Ausrufesätzen mehr Abwechslung in den Ausdruck bringen?

Sprachlehre und Rechtschreiben:

Stehen alle Zeit- und Tätigkeitswörter in der richtigen Zeitform?
Steht bei den fallfordernden Tätigkeits- und Verhältniswörtern der richtige Fall?
Sind alle Wörter richtig geschrieben? (Fremdwörter, Groß- und Kleinschreibung! In Zweifelsfällen nicht zu bequem zum Nachschlagen im Wörterbuch sein!)
Sind die Satzzeichen richtig und an der rechten Stelle?
Wörtliche Rede: Ist diese durch Anführungszeichen kenntlich gemacht? Sind die Anredefürwörter groß geschrieben?

Form:

Sind die Abschnitte deutlich voneinander unterschieden? (Neue Zeile und Einrücken bei jedem neuen Abschnitt!)
Ist die Darstellung übersichtlich?
Schreibe ich gegebenenfalls Zahlangaben mit Ziffern oder mit Buchstaben?
Sind (in Berichten) Familien- und Ortsnamen lateinisch geschrieben?

Die Erzählung. — Der Tatbericht.

Unter einer Erzählung versteht man das Aufzählen von Ereignissen in der Aufeinanderfolge ihres Ablaufes. Sie ist diejenige Form der schriftlichen Arbeit, mit welcher der untere und mittlere Beamte am meisten zu tun hat. Fast täglich muß er Tatberichte und Meldungen schreiben. Als Schul- und Prüfungsaufsätze kommen außerdem Niederschriften von geschichtlichen Begebenheiten, von Erlebnissen und Ereignissen in Frage. Für sie gelten die folgenden theoretischen Anweisungen in fast gleicher Weise wie für den Bericht, an dessen Abfassung bei den nachstehenden Ausführungen in erster Linie gedacht ist.

Aufbau.

Die allgemein übliche Dreiteilung — Einleitung, Hauptteil Schluß — ist nur bei schulmäßigen Erzählungen, bei stilistischen Gewandtheitsübungen notwendig. Als Einleitung wählt man in diesem Falle meist Zeit und Ort der Handlung, evtl. auch Angaben über die Hauptpersonen. Den Hauptteil nimmt die Schilderung des Vorfalles ein. Der Schluß enthält meist eine aus dem Vorfall sich ergebende Folgerung oder eine Kritik des Schreibers an dem Vorfall oder an den Personen der Handlung.

Bei Berichten und Meldungen fallen Einleitung und Schluß weg. Bei ihnen ist die genaue schriftliche Festlegung des Vorfalles die Hauptsache. Hier werden am besten die einzelnen Begebenheiten streng in der gleichen Reihenfolge dargestellt, in der sie sich abgespielt haben. Dadurch ergibt sich von selbst eine aus der andern, während bei der Erzählung in veränderter Reihenfolge der ungewandte Berichterstatter leicht Fehler im Aufbau des Gesamtvorganges macht.

Eine Gliederung des Inhaltes vor dem Aufsetzen des Berichtes ist aber nicht überflüssig. Besonders bei komplizierten oder bei ineinander spielenden Handlungen mehrerer Personen kommt meist nur ein verworrener, für die dienstliche Weiterbehandlung ungeeigneter Bericht zustande, wenn derselbe nicht nach einem vorher genau überlegten Plane abgefaßt wird. Die äußere Form der Gliederung ist vielfach von der vorgesetzten Behörde vorgeschrieben (z. B. eigene Beobachtungen des Beamten, Angaben der Schuldigen, Angaben der Zeugen). Die Reihenfolge der festzustellenden Begebenheiten ergibt sich aus der zeitlichen Aufeinanderfolge der Vorfälle. Wenn nicht anders verlangt, beschränke sich der Berichterstatter streng auf das rein Sachliche seiner Aufgabe. Bloße „Meinungen" des Verfassers oder anderer Leute haben meist wenig Wert.

Sprachliche Form.

Zeit des Tätigkeitswortes.

Es kann sich bei der Erzählung nur um Begebenheiten handeln, die bereits stattgefunden haben, folglich schreiben wir sie immer in der Vergangenheit nieder.

a) Das Tätigkeitswort steht in der II. Vergangenheit (habe gehört, bin gelaufen, hat gesprochen, ist gekommen) bei kurzen Meldungen oder wenn die Folgen der gemeldeten Begebenheit noch nicht beendet sind.

Beispiel: Müller ist gestorben. — Der Gefangene ist entkommen. — Das Wasser hat die Straße aufgerissen.

b) Bei längeren Ausführungen, also z. B. beim Tatbericht, verwendet man die I. Vergangenheit (kam, sah, erkannte, stellte fest). Da dieselbe im Dialekt verschiedener Gegenden wenig gebraucht wird, ist ihr vom Berichtschreiber besondere Aufmerksamkeit zu schenken.

Beispiel: Der Gefangene lief fort. Er sprang über einen Zaun und kam dabei zu Fall. Rasch richtete er sich wieder auf und wandte sich dem Bahnhof zu.

c) Hat sich eine Handlung vor einer anderen, im gleichen Satzgefüge genannten Handlung abgespielt, so erzählen wir sie in der III. Vergangenheit (war gekommen, hatte gesehen, war geschlagen worden).

Beispiel: „Kurz nachdem ich das Dienstlokal verlassen hatte, bemerkte ich Rauchschwaden." — „Bemerken" ist die Handlung des Hauptsatzes und steht in der ersten Vergangenheit. „Verlassen" ist die Handlung des Nebensatzes. Sie hat sich vor dem „Bemerken" abgespielt und steht deshalb in der dritten Vergangenheit (hatte!). Ganz falsch wäre die Anwendung der zweiten Vergangenheit: „Kurz nachdem ich das Lokal verlassen habe, habe ich Rauchschwaden bemerkt." — „Ich stellte fest, daß ein Kind überfahren worden war." — „Feststellen" steht als Handlung des Hauptsatzes in der ersten Vergangenheit, „überfahren" als vorausgegangene Handlung des Nebensatzes in der dritten (worden war!). Selbstverständlich können alle drei Zeiten im gleichen Bericht vorkommen. Prüfe nachfolgenden Satz an Hand der obigen Regeln!

„Ein Schwarm Bienen, der im Imkerheim ausgekommen war (III. Verg.), überfiel das Pferd und richtete es so zu (I. Verg.), daß es noch am gleichen Tage eingegangen ist (II. Verg.).

Besonders wichtig ist, daß an der für die Tätigkeitswörter der Hauptsätze bestimmten ersten Vergangenheit durch die ganze Erzählung hindurch festgehalten wird. Der Bericht macht einen recht schlechten Eindruck, wenn die Tätigkeitswörter einmal in der Vergangenheit und das andere Mal in der Gegenwart stehen[1]). Bei Anführung von Reden kann das Tätigkeitswort in der von der aussagenden Person gebrauchten Zeit stehen.

Die Form der Sätze.

Der sachliche Inhalt des Berichtes bedingt eine sachliche Ausdrucksweise. Nur einfache, klare, nicht zu lange Erzählsätze sind hier am Platze, bloß wenn wir unsere Gewandtheit im schriftlichen Ausdruck dartun sollen, bedienen wir uns einer gehobeneren Sprache.

Man macht oft die Erfahrung, daß jemand einen Vorfall in einem kleinen Kreis bekannter Zuhörer sachlich und sprachlich richtig schildern kann. Sobald er aber vor einem Vorgesetzten steht oder den Vorgang zu Papier bringen soll, versagt seine Darstellungskunst. Dabei soll er auch hier nichts tun als berichten, was er weiß. Grundsatz für jegliche Erzählung ist: „Schreibe, wie du sprichst!" Man denke sich, daß man den Vorfall einem seiner Bekannten erzähle, bringe ihn in gleicher Weise zu Papier und merze nach dem Aufsetzen die vorhandenen Verstöße gegen das Hochdeutsche aus.

Die wörtliche und nichtwörtliche Rede.

Aussagen von Personen werden im Berichte entweder wortwörtlich oder nur dem Inhalt nach angegeben. Man kann also **schreiben:**

Der Zeuge sagte: „Ich war um diese Zeit nicht zu Hause." (Wörtliche Rede.)

Oder: Der Zeuge sagte, er sei um diese Zeit nicht zu Hause gewesen. (Nichtwörtliche Rede.)

Die beiden Redeformen sind stilistisch gleichwertig. In einem Prüfungsaufsatz kann man zum Nachweis der schriftlichen Ausdrucksgewandtheit die eine Rede direkt, die andere indirekt angeben. In dienstlichen Meldungen muß man sich nach den Wünschen der vorgesetzten Stelle richten. Die wörtliche (direkte) Rede ist bestimmt. Die Form einer Aussage ist durch sie eindeutig festgelegt. Ihr Gebrauch verpflichtet zu größter Genauigkeit und Gewissenhaftigkeit. Wenn man eine Aussage wörtlich niederschreibt, muß man seiner Sache so sicher sein, daß man sie auch nach langer Zeit noch beschwören kann. — Die sprachliche Form der wörtlichen Rede ist einfach, doch erfordert die Zeichensetzung bei derselben besondere Übung und Sorgfalt.

Die nichtwörtliche (indirekte) Rede ist unbestimmt. Durch sie wird wohl der Inhalt, nicht aber die Form der Aussage festgelegt. Die ihr zugrunde liegende Aussage kann verschieden gelautet haben. — Sprachlich erfordert die nichtwörtliche Rede sichere Beherrschung

[1]) Siehe Seite 73 Nr. 22.

der Möglichkeitsform des Tätigkeitswortes und damit ein entwickeltes Sprachgefühl; als Satzzeichen aber kommen nur das Komma und der Punkt in Frage.

Merke! Die wörtliche Rede verwende man dann, wenn man die aussagende Person bei der Niederschrift ihrer Angaben vor sich hat und wenn die Angabe wichtig ist, die nichtwörtliche aber, wenn man eine Aussage aus der Erinnerung — und sei diese noch so frisch — niederschreiben muß oder wenn diese unwichtig ist[1]).

Beispiel für einen Bericht.

Dienststelle. Datum.

Bericht.

Heute nachmittag gegen 4 Uhr gewahrte ich auf meinem Dienstgang an der Ecke der Landwehrstraße und Schillerstraße einen Menschenauflauf. Ich schritt sofort ein und stellte fest, daß ein Lastwagen, welcher der Pschorrbrauerei München gehört, über den Bürgersteig in das Schaufenster der Bäckerei Elsner gefahren war. Personen sind bei dem Unfall nicht zu Schaden gekommen. Das Schaufenster wurde völlig zertrümmert und das Brot, welches in der Auslage gelegen war, auf den Boden des Ladens geworfen. Der Lastwagen erlitt einen Bruch der Vorderachse und starke Beschädigungen am Kühler. Er wurde auf meine telephonische Aufforderung hin von einem Auto der Pschorrbrauerei abgeschleppt.

Zeuge des Vorfalles war der Kaufmann Otto Jäger, wohnhaft Müllerstr. 13/2. Derselbe gab auf Befragen folgendes an:

„Ich stand gerade an der Ecke der Landwehr- und Schillerstraße und sah den Lastwagen die Landwehrstraße heraufkommen. Der Chauffeur schnitt in großer Geschwindigkeit die Kurve in die Schillerstraße, bog dann vor einem entgegenkommenden Radfahrer rasch nach rechts aus und geriet dabei in vollem Tempo auf den Bürgersteig und in das Schaufenster. Der Unfall wäre sicher vermieden worden, wenn der Chauffeur die Kurve langsamer und vorsichtiger genommen hätte."

Der verantwortliche Chauffeur Joseph Niedermaier, wohnhaft Landsbergerstr. 18/1 r., der erst vor 8 Tagen die Führerprüfung bestanden hatte, stellte den Vorgang anders dar. Er führte aus, er sei in mäßigem Tempo gefahren und habe die Kurve vorschriftsmäßig genommen. Dabei sei er mit dem Vorderrad an den Randstein gekommen, worauf er die Gewalt über die Steuerung verloren habe. Er habe noch rasch die Fußbremse in Tätigkeit gesetzt, habe aber das Auffahren auf das Schaufenster nicht mehr vermeiden können.

Niedermaier ist im Besitz eines Führerscheines der Klasse 2, der Lastwagen führt die Nummer II A 3477. Eine Skizze von der Unfallstelle liegt bei.

Unterschrift.

[1]) Die beiden Redeformen sind im Anhang ausführlich behandelt.

Bemerkungen über die Abfassung des Berichtes.

I. Stoff und Gliederung.

Den Stoff für den Bericht lieferten die Beobachtungen und Feststellungen des Wachtmeisters an der Unfallstelle. Wie der Unfall vermieden hätte werden können, ist zwar lediglich eine „Meinung" des Zeugen. Diese ist hier aber nicht überflüssig, weil sie die eigentliche Ursache des Unfalles aufdeckt.

Der Ausführung liegt folgende Disposition zugrunde:

1. Eigene Beobachtung und Feststellung:
   a) Zeit: 4 Uhr nachmittags.
   b) Ort: Ecke Schiller- und Landwehrstraße, Bäckerei Elsner.
   c) Vorfall: Einfahren des Schaufensters durch Lastkraftwagen.
   d) Folgen: Personen, Schaufenster, Lastkraftwagen.
   e) Maßnahmen: Abtransport.
2. Angaben des Zeugen:
   a) Rasches Tempo, Schneiden der Kurve, Auffahren.
   b) Ursache des Unfalles.
3. Aussage des Beschuldigten:
   a) Vorschriftsmäßiges Fahren.
   b) Grund des Auffahrens, Gegenmaßnahme.
4. Sachdienliche Angaben: Führerschein und Autonummer.

Wenn die Reihenfolge der Hauptpunkte, die ein Bericht enthalten muß, durch die Dienstvorschriften festgelegt ist, muß sich der Berichtschreiber natürlich an diese halten. Die hier gewählte Reihenfolge soll nicht ein bindendes Muster, sondern lediglich ein Beispiel sein.

II. Sprachliches.

Das Tätigkeitswort.

Dasselbe steht fast durchwegs in der I. Vergangenheit. „... gewahrte, stellte fest, erlitt, wurde abgeschleppt, bog ein usw."

Bei Einschaltungen vorausgegangener Handlungen ist die III. Vergangenheit verwendet worden. „... gefahren war, gelegen war, gemacht hatte." Wo es sich um noch bestehende Zustände — nicht Begebenheiten — handelt, finden wir die Gegenwart angewendet. „... gehört, ist im Besitz, führt die Nummer." (Näheres hierüber ist bei der Beschreibung ausgeführt.)

Bei der nichtwörtlichen Rede stehen alle Tätigkeitswörter in der Möglichkeitsform. „Er sei gefahren, habe verloren, sei gekommen usw."

Sinnverwandte Ausdrücke.

Zur Vermeidung von öfteren Wiederholungen desselben Wortes, die langweilig wirken, wurden gleichartige Tätigkeiten durch verschiedene Ausdrücke bezeichnet. Anstatt dreimal „sagte" heißt es: „Er gab an, stellte dar, führte aus."

Wörtliche und nichtwörtliche Rede.

Da der Zeuge Jäger seine Angaben ruhig und deutlich machte, so daß sie gleich an Ort und Stelle genau notiert werden konnten, haben wir sie in den Bericht wortwörtlich aufgenommen. Anfang und Ende derselben sind durch Redezeichen gekennzeichnet. Der Chauffeur aber gab seine Erklärungen aufgeregt und unzusammenhängend ab. Deshalb wurden sie nur inhaltlich wiedergegeben.

Die Beschreibung. — Der Tatortbericht.

Die Beschreibung unterscheidet sich von der Erzählung dadurch, daß sie es nicht wie diese mit nacheinander sich abspielenden Ereignissen zu tun hat, sondern mit Zuständen, die gleichzeitig und nebeneinander bestehen, mit dem Raum und den Gegenständen in ihm. Der Polizeibeamte begegnet ihr oft in Form von Tatortsbeschreibungen oder in Form von Ausschreibungen über verlorene und gefundene Gegenstände, Verbrecherwerkzeuge, am Tatort hinterlassene Kleidungsstücke usw. Bei den Prüfungen im Vorbereitungsdienst hat er des öfteren Beschreibungen zu fertigen von Gegenständen aus den verschiedensten Gebieten. Hier wird die Beschreibung nicht selten zur Schilderung, die sich weniger mit den Gegenständen an sich als mit dem Eindruck derselben auf den Beschreibenden befaßt. Ihre Sprache ist gewählter, schwungvoller als diejenige der bloßen Beschreibung, die in einfachen, eindeutigen Worten ihre sachlichen Feststellungen macht. Für den dienstlichen Schriftverkehr des Polizeibeamten kommt lediglich die Beschreibung in Frage, mit der wir uns in nachstehendem beschäftigen wollen.

Aufbau.

Wie jeder Aufsatz besteht auch die Beschreibung in der Regel aus Einleitung, Hauptteil und Schluß. Die Einleitung bringt etwas Geschichtliches über den Gegenstand oder sie geht von dem Gesamteindruck des Gegenstandes auf den Beschauer aus. Sie kann aber auch den Anlaß zu der Beschreibung angeben oder die Gelegenheit, durch welche man auf den betreffenden Gegenstand gekommen ist. Im Schluß können wir die Haupteigenschaften des Gegenstandes zusammenfassen oder kurz von seinem Gesamteindruck sprechen, wenn dies nicht schon in der Einleitung geschehen ist. Im dienstlichen Schriftverkehr fallen Einleitung und Schluß meist weg.

Der Hauptteil muß nach einem bestimmten Plan aufgebaut sein. Wenn auch die Reihenfolge der einzelnen Punkte hier keine so große Rolle spielt wie bei der Erzählung, so wäre es doch falsch, Wichtiges und Unwichtiges in buntem Durcheinander zu Papier zu bringen.

Die kunstloseste Gliederung erhalten wir, wenn wir nach der sogenannten „Kopfschwanzmethode" vorgehen, indem wir bei der Betrachtung eines Gegenstandes oben (oder vorn, rechts) anfangen und unten (oder hinten, links) aufhören. Dieses Verfahren läßt sich aber höchstens bei der Beschreibung solcher Gegenstände rechtfertigen, die aus vielen einander völlig gleichwertigen Teilen bestehen. (Beispiel: Raum in einem Museum.)

Ist dies nicht der Fall, so wenden wir unsere Aufmerksamkeit besser zuerst den Hauptsachen und dann den Nebensachen zu (oder umgekehrt). Ist der Gegenstand der Beschreibung durch die Hauptsachen allein schon genügend deutlich gekennzeichnet, so können wir die Nebensachen ganz weg lassen. (Beispiel: ein Zimmer.)

Bei manchen Themen sprechen wir besser von Gesamteindruck und Einzelheiten (z. B. bei einem Garten). Unwichtig erscheinende Einzelheiten können in den meisten Fällen kurz behandelt oder ganz weggelassen werden, nicht aber bei einer Beschreibung für dienstliche Zwecke, die auch die kleinsten Einzelheiten enthalten muß, wenn diese der Aufklärung irgendwie dienlich sein können. (Beispiel: Tatortsaufnahme bei einem Raubmord.)

Bei der Beschreibung eines Bildes unterscheiden wir zwischen Vorder-, Mittel- und Hintergrund. Vielfach ist es auch für die Beschreibung eines beliebigen anderen Gegenstandes vorteilhaft, wenn man sich denselben als im Bilde festgehalten vorstellt. Dadurch tritt das Wesentliche deutlicher hervor, während das Unwesentliche verschwindet.

Wenn wir ein Haus, einen Ort, eine Landschaft beschreiben sollen, so erleichtern wir uns die Arbeit dadurch, daß wir in Gedanken einen Gang durch den betreffenden Raum machen, und die auf diesem Gang gemachten Beobachtungen niederschreiben.

Bei der Beschreibung von Gegenständen aus bestimmten Wissensgebieten (Geographie, Naturkunde usw.) können wir als Gliederung die gleiche Einteilung verwenden, welche den Abschnitten des Lehrbuches für das betreffende Fach zugrunde liegt. Als Beispiele seien folgende Gliederungen aus einem Geographiebuche angeführt:

Beschreibung eines Ortes.

1. Lage (geographische und Verkehrslage, Größe). 2. Der Ort selbst (Gesamtanlage, Hauptstraßenzüge, wichtige Gebäude, charakteristische Bauten). 3. Bewohner (Zahl, Erwerbsquellen, Behörden, Bildungsgelegenheiten). 4. Schönheiten des Ortes und der Umgebung. 5. Geschichtliches.

Beschreibung eines Landes.

Lage, Grenzen, Größe, Bestandteile, Bodengestalt, Hauptorte, Verkehrswege, Bewohner, Beschäftigung derselben, Verhältnis zu den Nachbarstaaten, Geschichtliches.

Das Tätigkeitswort in der Beschreibung.

A. Zeit.

Wenn es sich in der Beschreibung um noch bestehende Zustände handelt, was besonders in dienstlichen Berichten meist der Fall ist, steht das Tätigkeitswort (Satzaussage) der einzelnen Sätze in der Gegenwart. Beschreiben wir z. B. ein Zimmer, so lauten einzelne

Ausdrücke: „An der Wand ist...; in der Ecke steht...; den Erker ziert..."

Werden dabei nicht mehr bestehende Zustände gestreift, so kommt für diese nur die Vergangenheit in Frage. Beispiel: In dem Gebäude, in dem die Gendarmerieschule untergebracht ist, lebten früher Mönche des Zisterzienserordens. An der Stelle der Küche, an welcher der Herd steht, befand sich früher ein offener Kamin.

Manchmal müssen wir Zustände beschreiben, die völlig der Vergangenheit angehören. In diesem Falle müssen sämtliche Tätigkeitswörter in der Vergangenheit stehen. Beispiel aus einem Bericht über eine Kesselexplosion: „In dem zerstörten Keller stand ein Hochdruckkessel. Derselbe war für den Betrieb völlig geeignet. Er war noch ziemlich neu. Kurz vor dem Unglück bemerkte der Heizer, daß das Sicherheitsventil nicht in Ordnung war."

Auch Zustände, die erst künftig eintreten werden, lassen sich beschreiben. Sämtliche Tätigkeitswörter stehen dann in der Zukunft. Beispiel: künftige Einrichtung eines Raumes. „Der Bücherschrank wird an die Längswand kommen. Der Schreibtisch wird an die Fensterwand gestellt werden. Abends um 6 Uhr werden wir mit dem Einrichten fertig werden." In der Praxis wird statt der Zukunft vielfach die Gegenwart verwendet: „Der Bücherschrank kommt an die Längswand. Den Schreibtisch stellen wir an die Fensterwand."

B. Abwechslung im Ausdruck. Bei der Beschreibung wird häufig der Fehler gemacht, daß ein und dasselbe Tätigkeitswort oder gar Hilfszeitwort (sein, haben, werden) immer wieder gebraucht wird. „An der Vorderwand ist...; an der Rückwand ist...; an der linken Wand ist..." Oder: „Im ersten Stock befindet sich...; im dritten Stock befindet sich..." Hiedurch wird die Beschreibung eintönig und langweilig. Diesem Mißstand hilft man ab, indem man statt eines Hilfszeitwortes ein Tätigkeitswort verwendet und zwar nach Möglichkeit in jedem Satz ein anderes. Obige Beispiele lauten dann: „An der Vorderwand erblicken wir...; den größten Teil der Rückwand bedeckt...; an der linken Seite fällt uns auf." Oder: „Im ersten Stock befindet sich ...; eine Stiege höher liegen ...; im Dachgeschoß sind ... untergebracht."

Beispiel für eine Beschreibung.

Datum.

Adresse.

Betreff:

Einbruch in die Sparkasse Friesdorf.

Zur Ergänzung des gestern eingesandten Berichtes liefere ich eine Planskizze und zwei Photographien (Keller, Kassenraum) nach, zu deren Verdeutlichung die folgende Tatortsbeschreibung dienen möge.

Die Geschäftsräume der Sparkasse liegen in der Uferstraße, einem kurzen Seitengäßchen, das die Verbindung zwischen Hauptstraße und Viehmarkt herstellt. Die Straße führt unmittelbar an der Ach entlang. Sie wird bei Nacht nur wenig begangen, da sie sehr schlecht beleuchtet ist.

Das Sparkassengebäude selbst ist ein altes Haus, in dem früher eine Gerberei untergebracht war. Im Erdgeschoß befinden sich der Kassenraum und das Büro der Sparkasse. Im ersten Stock wohnt ein Gemeindebeamter, der in der Nacht, in welcher der Einbruch stattgefunden hat, mit seiner Familie abwesend war. Zwei zum Gebäude gehörende Schuppen werden von der hiesigen Metallwarenfabrik Reiner als Lagerräume verwendet.

Das Haus ist völlig unterkellert, doch werden die sehr niedrigen Keller nicht benützt, weil sie fast dauernd 10 cm unter Wasser stehen. Der unmittelbar unter dem Kassenraum gelegene Keller weist an der Straßenseite ein Fenster von 0,50 × 0,90 cm Größe auf, an dem außen ein starkes Drahtgitter angebracht war. Das Gitter wurde mit einer Schere abgeschnitten und das Fenster eingedrückt. Auf dem Boden des Kellers liegt der beim Ausbrechen des Loches in der Decke entstandene Schutt im Wasser. Neun Bohr- und Schlaglöcher im Deckenverputz beweisen, daß die Einbrecher eingehende Versuche darüber anstellten, an welcher Stelle sie die Decke am schnellsten durchbrechen könnten.

Im Kassenraum lenkt das rechteckige Loch im Fußboden, durch welches die Einbrecher eingedrungen sind, sofort den Blick auf sich. Dasselbe ist ca. 0,50 × 0,60 cm groß. Aus der beiliegenden Photographie geht die Bauart des durchbrochenen Zwischenbodens deutlich hervor. Ihr zufolge brauchten die Einbrecher der Hauptsache nach nur einen Balken von 1,50 qdm und die darauf und darunter angenagelten Bretter zu durchsägen, um ihr Ziel zu erreichen.

Sämtliche Schreibtische im Kassenraum sind aufgesprengt und durchwühlt worden. Ihr Inhalt liegt zum größten Teil auf dem Boden. Der kleinere von den beiden im Raum befindlichen Kassenschränken, ein Geldschrank alten Systems, steht offen und ist seines Inhaltes völlig beraubt. Schloß und Tür desselben sind nicht verletzt; er kann demnach nur mit einem Nachschlüssel geöffnet worden sein. An dem neben ihm stehenden großen, modernen Depotschrank lassen sich keinerlei Spuren eines Öffnungsversuches erkennen.

Der Kassenraum besitzt drei Fenster. Dieselben sind mit starken eisernen Läden versehen, durch welche kein Lichtschein aus dem Raum nach außen dringt. Im Augenblick der Entdeckung des Einbruches waren die Läden ordnungsgemäß geschlossen.

Die im gestrigen Bericht aufgeführten Spuren sind gesichert, aber noch nicht völlig verarbeitet. Ihre Auswertung dürfte heute nachmittag 4 Uhr vollendet sein.

Unterschrift.

Bemerkungen über die Abfassung der Tatortbeschreibung.

I. Stoff und Gliederung.

Die vorliegende Beschreibung soll nicht ein Muster für die kriminalistisch-technische Behandlung des Falles sein, sondern lediglich ein Beispiel dafür, wie eine Tatortsbeschreibung sprachlich abzufassen ist. Diese ist hier von dem eigentlichen Tatbericht abgetrennt, weil derselbe der in den ersten Abschnitten besprochenen Erzählung gleichkäme. In der Praxis sind natürlich Tatbericht und Tatortsbeschreibung miteinander verbunden.

Den Stoff zur Beschreibung liefern die eigenen Beobachtungen desjenigen, der den Tatort beschreibt. Beschrieben wird alles, was für die Beurteilung und Aufklärung des Falles von Wichtigkeit sein kann, aber auch nur das. Die gemachten Feststellungen dürfen aber nicht in wirrem Durcheinander zu Papier gebracht werden, sondern müssen nach ihrer Zusammengehörigkeit geordnet sein. Einleitung und Schluß sind meist überflüssig. Im vorliegenden Beispiel verfolgen sie nur den Zweck, die Weglassung des Tatberichtes und des vorwiegend Kriminalistisch-technischen zu erklären.

Dem Bericht liegt folgende Gliederung zugrunde:

Einleitung: Art der Beilagen und Zweck der Beschreibung.

Hauptteil:

a) Lage des Hauses.
b) Einteilung der Räume desselben.
c) Die Räume, in denen sich die Tat abgespielt hat:
   α) Keller, β) Kassenraum.

Schluß: Bemerkungen über Bearbeitung der Spuren.

II. Sprachliches.

a) Das Zeitwort.

Da es sich in der Beschreibung um Zustände handelt, die im Augenblick der Tatortsaufnahme noch bestehen, stehen fast alle Tätigkeitswörter in der Gegenwart. Beispiele: liegen, führt, ist, befinden sich, wohnt, dienen usw.

Zustände, die im besagten Augenblick nicht mehr bestehen, werden ebenso wie Ereignisse in der Vergangenheit angeführt. Beispiele: früher untergebracht war, stattgefunden hat, abwesend war, wurde abgeschnitten usw.

b) Ausdruck.

Die Verwendung von Hilfszeitwörtern als selbständige Satzaussagen (... ist groß, sind verletzt) wurde nach Möglichkeit eingeschränkt. Nur wenige Tätigkeitswörter kommen mehr als einmal vor. Die Abwechslung im Ausdruck soll vermeiden, daß der Bericht sprachlich eintönig wirkt.

Die Personenbeschreibung.

Bei Strafanzeigen muß der Pol.-Beamte oft die als Täter in Betracht kommende Person genau beschreiben[1]). In der Regel genügt es, wenn sich der Beamte dabei bloß mit dem Äußern der Person befaßt. Worauf er hiebei zu achten hat und in welcher Reihenfolge er die einzelnen Punkte schriftlich niederzulegen hat, sagt ihm seine Dienstvorschrift, bzw. ein für solche Fälle vorgeschriebenes Formular. Vielfach ist der Beamte auch gehalten, bei der Niederschrift bestimmte technische Ausdrücke anzuwenden, mit denen er im „Erkennungsdienst" bekanntgemacht wurde. Ein Eingehen auf diesen Teil der Personenbeschreibung erübrigt sich also.

Nach der Dienstvorschrift sind unter Umständen bei der Beurteilung einer Tat auch der Geistes- und Gemütszustand des Täters, seine Eigenschaften, Schwächen usw. in Betracht zu ziehen. Nicht selten muß der Polizeibeamte der Außenbezirke auch ein ausführliches Leumundszeugnis für eine Person erstellen. Er muß also auch fähig sein, den Charakter einer Person zu beschreiben. Woran er bei der Charakteristik zu denken hat, zeigt die unten folgende Übersicht. Die stofflichen Unterlagen für die Beschreibung geben eigene und fremde Wahrnehmungen ab. Verwandte, Lehrer, Pfarrer, Bürgermeister, Dienstherr, Lehrherr, Nachbarn, überhaupt alle — verantwortungsbewußten — Personen, die mit dem zu Beurteilenden längere Zeit in Berührung standen, können uns verwertbare Angaben machen.

Im Vorbereitungsdienst (Polizeischule) hat der Pol.-Beamte hin und wieder auch Charakteristiken von Personen aus der Geschichte oder Literatur auszuarbeiten. Die Übersicht ist zum Teil mit Rücksicht auf solche Aufgaben zusammengestellt. Es dürfte nicht schwer fallen, die hauptsächlich der Stoffsammlung dienende Übersicht der gestellten Aufgabe entsprechend anzuwenden.

Übersicht über die Charakterbeschreibung.

I. Körperliche Eigenschaften:

Alter, Gestalt, Haltung, Blick, Aussehen, Kleidung. (Für dienstliche Zwecke siehe einschlägige Vorschriften!)

II. Einflüsse der Umwelt auf die Charakterbildung[2]);

1. Herkunft (Abstammung, Geburtsort: Stadt-Land).
2. Erziehung (Eltern, Schule, Lektüre, Berufsausbildung).

---

[1]) Siehe auch Seite 48, Abschnitt 2.
[2]) Siehe ausführliche Erklärung Seite 46, Abschnitt 4.

3. Umgebung (Geschwister, Freunde, Dienstboten, Kollegen, das andere Geschlecht).

III. Verhalten (Reden, Handlungen, Gesinnung[1]):

1. gegenüber sich selbst,
2. gegenüber seinen Mitmenschen (Familie, Verwandte, Bekannte), der Gesellschaft, der Kirche, dem Staat.

IV. Einstellung zur Natur, Wissenschaft und Kunst.

Bemerkungen: Aus Punkt II und III ergeben sich die geistigen Eigenschaften (Verstand, Wille, Gemüt). Wir können diese nötigenfalls so zusammenfassen, daß sich Licht- und Schattenseiten eines Charakters deutlich voneinander abheben. Manchmal ist es möglich, den ganzen Charakter eines Menschen aus einem vorherrschenden Grundzug zu erklären.

Beispiel einer Charakteristik für dienstliche Zwecke.

Gendarmeriestation Mammendorf. Datum.

An die

Landesgendarmerie-Direktion

München.

Betreff:
Erkundigungen über den Unterwachtmeister Karl Staffler, München, wegen Aufnahme desselben in die Gend.- und Pol.-Schule.

Karl Staffler ist der Sohn der Gütlerseheleute Jakob und Maria Staffler von hier. Der Vater arbeitet als Taglöhner bei einem hiesigen Maurermeister, die Mutter versorgt mit den drei noch unmündigen Geschwistern des Karl Staffler das kleine landwirtschaftliche Anwesen. Die Eltern des K. Staffler sind als rechtschaffene Leute im ganzen Dorfe wohlgelitten.

Karl Staffler besuchte hier die Volksschule. Nach Rückfrage bei Herrn Hauptlehrer Borst von hier ergibt sich aus den Zensurlisten, daß Staffler ein Schüler mit durchschnittlichen Leistungen war. Besondere Begabung scheint er für das Zeichnen zu besitzen. Einträge über auffallende Charakterfehler enthält sein Schulbogen nicht.

Schmiedmeister Otto Taferner von hier, bei welchem Staffler in der Lehre war, hat diesen als einen zwar nicht übertrieben fleißigen, aber anstelligen und gutwilligen Lehrbuben in der Erinnerung. Nach Beendigung der Lehrzeit arbeitete Staffler bei dem Schmiedmeister A. Loher im benachbarten Nannhofen. Derselbe lobt die Geschicklichkeit, Zuverlässigkeit und Ehrlichkeit Stafflers, tadelt aber an ihm die barsche Art, in welcher er mit den

[1]) Siehe ausführliche Erklärung Seite 46, Abschnitt 5.

Kunden verkehrte, und die hin und wieder beobachtete Roheit, mit welcher er die ihm anvertrauten Pferde behandelte.

Da ich Staffler persönlich nur wenig kenne, zog ich bei seinen Eltern, bei Herrn Bürgermeister Müller und Herrn Pfarrer Mages von hier weitere Erkundigungen ein. Nach dem Ergebnis derselben ist Staffler ein ordentlicher, anständiger junger Mann. Er verkehrt nicht in schlechter Gesellschaft und meidet Kartenspiel und Saufereien. Mit schlecht beleumundeten Frauenspersonen gibt er sich nicht ab. Als seine Eltern im vergangenen Jahre in Not gerieten, nahm er für sie bei einem hiesigen Bäckermeister 100 Mk. zu leihen. Er bezahlt den Betrag in kleinen Raten regelmäßig ab.

Politisch hat sich Staffler hier niemals betätigt. Meines Wissens gehört er keiner Partei an. Seine Reden und sein Verhalten in der Öffentlichkeit lassen auf eine gute vaterländische Gesinnung schließen.

Nach Ansicht der im Bericht genannten Persönlichkeiten dürfte sich Staffler sehr wohl zum Gendarmeriebeamten eignen.

Ludwig Meixner, Gend.-Oberwachtmeister.

Die Abhandlung.

Wenn wir einen Gedanken gründlich untersuchen und seine Richtigkeit oder Unrichtigkeit auf die verschiedenste Art beweisen, so haben wir eine Abhandlung vor uns. Diese Art von Aufsätzen begegnet jedem Polizeischüler in Form allgemeiner Themen, vielen Pol.-Beamten in Form von Arbeiten über berufliche Fragen. Da die Abhandlung allgemeiner Art die Grundlage der speziellen ist, beschäftigen wir uns hier vorzugsweise mit jener.

Bei der Erzählung und Beschreibung ist der Stoff unseres Aufsatzes so ziemlich gegeben, bei der Abhandlung aber müssen wir ihn erst herbeischaffen. Wir finden ihn durch Zerlegung der im Thema enthaltenen Begriffe. Weil aber diese erfahrungsgemäß vielen Leuten Schwierigkeiten macht, ist das, woran wir bei der Bearbeitung eines Themas denken müssen, in zwei später aufgeführten „Übersichten" zusammengefaßt. Dieselben sollen keine Allerweltsdispositionen darstellen, sondern nur die Stoffsammlung erleichtern.

Die Themen, welche für den Polizeischüler in Betracht kommen, handeln entweder von der Natur und ihren Beziehungen zum Menschen oder vom Menschen und seinen Beziehungen zu seinesgleichen. Wir sprechen demnach von einem Stoffkreis „Natur" und einem Stoffkreis „Mensch".

Dem Stoffkreis „Natur" teilen wir diejenigen Themen zu, die von Tieren, Pflanzen, Mineralien, von Naturkräften und -erscheinungen und von der Erde und deren Beziehungen zum Menschen sprechen. Beispiele hiefür: Bedeutung der Tierwelt für den Menschen. Die Pflanzen im Haushalt der Natur. Der Herbst als Geber. Nutzen der Wasserkräfte. Gefahren des Nebels.

Hievon leicht zu unterscheiden sind Themen, die sich nur mit dem Menschen und seinen Beziehungen zu seinesgleichen beschäftigen. Zum Stoffkreis „Mensch" gehören also Themen solcher Art: Vorteile der Stenographie. Segen der Ordnung. Ehrlich währt am längsten. Warum lieben wir unser Vaterland? — „Stenographieren, Ordnung halten, ehrlich sein, das Vaterland lieben" kann nur ein Mensch.

Wer die durch die „Übersichten" gebundene Form der Stoffsammlung der freien Zerlegung vorzieht, muß bei jedem Thema feststellen, welchem der beiden Stoffkreise sein Thema angehört.

Die Einleitung.

Die Einleitung hat die Aufgabe, die Gedanken des Lesers auf die folgenden Ausführungen hinzulenken, ihn für das Thema zu interessieren. Sie darf nichts vorausnehmen, was in den Hauptteil gehört. Sie kann etwa folgendes enthalten:

1. Etwas Allgemeineres als das Thema selbst ist.

   Das Thema „Nutzen der Kohle“ kann ich mit einer kurzen Betrachtung über den Wert der Bodenschätze überhaupt einleiten.

2. Etwas dem Thema Ähnliches.

   Beim Thema „Segen der Ordnung“ ließe sich eingangs sprechen über den Segen des Fleißes.

3. Ein mit dem Thema zusammenhängendes Ereignis aus der Vergangenheit oder Gegenwart.

   Das Thema „Unsere Verkehrsmittel“ läßt als Einleitung zu „Die erste Fahrt der Eisenbahn Nürnberg-Fürth“ oder eine aktuelle Notiz aus der Zeitung über jetzige oder künftige Verkehrsverhältnisse.

4. Erklärung eines im Thema enthaltenen Begriffes, dessen Verständnis nicht bei jedem Leser vorausgesetzt werden kann.

   Beim Thema „Die Aufgaben der Polizei“ erklären wir zunächst, was man unter „Polizei“ versteht.

5. Das Gegenteil des Themas.

   Das Thema „Der Krieg“ kann an die Segnungen des Friedens anknüpfen.

6. Ein im Hauptteil nicht benötigtes Ergebnis der Untersuchung über die Auffassung des Themas oder der Stoffsammlung.

   Beim Thema „Die Bedeutung des Wassers“ lassen sich die „Arten und Formen“ des Wassers oder sein „Vorkommen“ als Einleitung verwenden.

Mindestens eine von diesen sechs Einleitungsarten läßt sich bei jedem Thema verwenden.

Man verfalle nicht in den Fehler, sich vor der Stoffsammlung mit dem Suchen nach einer Einleitung abzumühen; denn bei der Stoffsammlung stellen sich meist von selbst verschiedene Gedanken ein, die zwar in enger Verbindung mit dem Thema stehen, aber nicht unmittelbar zu diesen gehören. Diese eignen sich in der Regel trefflich als Einleitung oder Schluß.

Die Einleitung darf nicht zu kurz sein, noch weniger aber zu lang. Etwa ein Achtel des ganzen Aufsatzes wäre die richtige Länge. Am vorteilhaftesten beginnt sie mit einem Sprichwort oder Dichterwort und endet mit einer Wiederholung des Themas in Satzform.

Der Hauptteil.

Den Inhalt des Hauptteiles bildet der Stoff, den wir auf Grund der „Übersichten“ oder durch freie Zerlegung erhalten.

Seiner Form nach besteht der Hauptteil aus verschiedenen Stücken, die den Abschnitten der Gliederung entsprechen. Die in der Gliederung festgelegte Reihenfolge muß natürlich bei der Ausführung auch eingehalten werden.

Die Länge der einzelnen Teile muß im richtigen Verhältnis zur Bedeutung ihres Inhaltes stehen. Wichtige Punkte werden breiter ausgeführt, weniger wichtige nur kurz behandelt oder mehrere von ihnen in einen Abschnitt zusammengezogen. Vor allem muß man sich hüten, vom Thema abzuschweifen, ein Fehler, der leider nur zu häufig gemacht wird. Strenge Selbstdisziplin ist hier notwendig. Gerade dann, wenn man am schönsten „im Zug" ist, muß man wiederholt prüfen, ob man nicht vom Thema abgekommen ist, ob jeder einzelne Satz zur Auseinandersetzung über das Thema beiträgt oder nicht.

Am Anfang eines jeden Abschnittes stellen wir eine dem Leitsatz oder Merkpunkt der Disposition entsprechende Behauptung auf. Diese beweisen wir dann und zwar

1. durch Aufzählen von Beispielen aus der Natur, aus der Geschichte, aus dem Alltagsleben oder der Literatur,
2. durch Anführung ähnlicher Verhältnisse auf anderen Gebieten,
3. durch Anführung von glaubwürdigen Zeugnissen, von Aussprüchen berühmter Personen oder des Volksmundes,
4. durch den Nachweis, daß das Gegenteil der Behauptung unsinnig ist.

Nehmen wir an, wir hätten in einem Abschnitt die Behauptung aufgestellt: „Man darf nichts überstürzen." Entsprechend den angeführten Punkten bringen wir für die Richtigkeit unserer Behauptung folgende Beweise:

1. Die überstürzte Flucht der Italiener während der Isonzo-Offensive kostete diesen schwere Verluste an Kriegsmaterial.
2. Die Natur läßt ihren Blumen und Früchten Zeit zum Wachsen und Reifen. Treibhauserzeugnisse verfallen rasch.
3. „Eile mit Weile". (Sprichwort) — „Blinder Eifer schadet nur." (Lichtwer, Die Katzen und der Hausherr, Vers 6.)
4. Überstürze alles! Dann: Mißerfolge überall.

Natürlich braucht man nicht für jede Behauptung alle vier Arten von Beweisen anwenden. Man bringt meist nur diejenige, die sich am ungezwungensten ergibt. Habe ich ein besonders beweiskräftiges Beispiel zur Hand, so genügt dieses allein. Von minder durchschlagenden Beispielen bringe ich vielleicht drei. Ist der Verfasser auf einem der berührten Gebiete selbst völlig „zu Hause", so gibt er natürlich am besten zum Beweise einer Behauptung seine eigene Erfahrung kund. Das wirkt immer frischer und überzeugender, als alles angelesene oder angelernte Wissen. Er hüte sich aber auch hier vor Weitschweifigkeiten. Fremde Gedanken zu verwenden ist erlaubt. Um sich aber den Vorwurf zu ersparen, daß man sich mit fremden Federn geschmückt hätte, muß man Auszüge aus den Werken berühmter Männer wortwörtlich und in Anführungszeichen bringen und die Quelle, aus der man geschöpft hat, möglichst genau angeben.

Überleitungen.

Zwischen den einzelnen Abschnitten des Hauptteils müssen meist Übergänge geschaffen werden. Je kürzer und unauffälliger diese sind, desto besser ist es. Die Überleitungen können vorgenommen werden durch ein Wort, einen Satzteil oder, wenn nicht anders möglich, durch ganze Sätze.

Sollte eine Überleitung von der Einleitung zum Hauptteil notwendig sein, so kann sie bewerkstelligt werden durch Angabe der Hauptpunkte der Gliederung.

Wichtige Punkte des Hauptteils leitet man ein durch: in erster Linie, besonders wichtig erscheint, vor allem. Weniger wichtige beginnt man mit: auffallend ist schon, bemerkenswert erscheint, zunächst, schon, hiebei denken wir gleich an . . . usw. Gleichwertige Teile knüpfen wir an durch: weiterhin, ferner, außerdem, zudem, noch dazu, auch, dazu kommt noch, aber nicht nur — sondern auch, abgesehen davon, gleichwohl, im Gegensatz hiezu steht, wie anders aber, in ähnlicher Weise, nicht zu vergessen ist . . . usw. Den letzten Abschnitt erkennen wir an Überleitungsformeln wie: zum Schlusse nun, endlich noch, in letzter Linie, schließlich, am Ende unserer Ausführungen . . . usw.

Unauffällig wird die Überleitung besonders dann, wenn man den Hauptbegriff des neuen Abschnittes schon in den letzten Satz des vorhergehenden verflechten kann. Zwischen gleichartigen Teilen ist eine Überleitung oft überflüssig.

Der Schluß.

Wie die Einleitung ist auch ein eigener Schluß nicht immer notwendig, bei längeren Ausführungen aber allgemein üblich. Derselbe muß die Abhandlung abrunden. „Ende gut, alles gut"; deshalb muß man darauf achten, daß der Schluß wirkungsvoll wird, was der Fall ist, wenn er in besonders gewählter, gehobener Sprache abgefaßt wird. Auch der Schluß darf nichts enthalten, was in den Hauptteil gehört. Als Schluß eignen sich

1. eine knappe Zusammenfassung des im Hauptteil Gesagten (aber mit anderen als den dort gebrauchten Worten!),
2. eine Schlußfolgerung (Aufforderung, Warnung, Nutzanwendung). (Beim Thema „Bedeutung unserer Haustiere" ließe sich z. B. als Schluß verwenden: „Pflege und schütze die Haustiere" oder „Quäle nie ein Tier zum Scherz!"),
3. eine Betrachtung über etwas Höheres oder Allgemeineres als den Hauptbegriff des Themas. (Das Thema: „Vorsicht ist die Mutter der Weisheit" würde vorteilhaft schließen mit dem Gedanken: „Der brave Mann denkt an sich selbst zuletzt.")

Der Schluß darf nicht bloß aus einem Satz bestehen, sondern muß etwa die Länge der Einleitung haben. Seine Wirkung wird erhöht, wenn er endet mit einem Sprichwort, einer Lied- oder Gedichtstrophe oder einem Ausspruch eines berühmten Mannes.

Die Gliederung.

Durch die Gliederung des Aufsatzes wird die Reihenfolge festgelegt, in der die einzelnen Teile des Gesamtstoffes dargeboten werden sollen. Diese Festlegung ist notwendig, weil ohne sie Wichtiges und Unwichtiges kunterbunt durcheinander geraten, was den Aufsatz unklar und unübersichtlich macht.

Die Disposition muß einen Überblick über den gesamten Stoff geben. Sie muß also zunächst einmal inhaltlich vollständig sein. Weiterhin darf die Anordnung des Stoffes nicht willkürlich geschehen, sondern muß nach einem bestimmten Plan erfolgen. Schließlich soll die Gliederung auch eine gewisse Steigerung aufweisen dadurch, daß sie vom Unbedeutenden zum Bedeutenden fortschreitet.

Der Stoff kann erst dann geordnet werden, wenn er seinem ganzen Umfang nach bekannt ist. Deshalb erfolgt die Aufstellung der Disposition erst **nach** der Stoffsammlung. Nur Geübte können sie gleichzeitig mit dieser vornehmen. Sinnlos ist es, eine Gliederung **nach** der Ausführung niederzuschreiben.

Wenn man eine Kompagnie Soldaten aufzustellen hat, kann man die Mannschaften antreten lassen nach der Größe oder nach dem Dienstalter oder nach ihrer Schießleistung. Falsch aber wäre es, nach der Größe antreten zu lassen und dann den kleinsten Mann an den rechten Flügel zu stellen, weil er der beste Schütze ist. Der einmal gewählte Einteilungsgrund muß durchwegs beibehalten werden.

Dieser Grundsatz gilt auch für die Gliederung. Wenn ich z. B. vom Nutzen eines Dinges sprechen will, so kann ich diesen einteilen in einen unmittelbaren und einen mittelbaren **oder** in den Nutzen für die Menschen, Tiere und Pflanzen. Falsch aber ist es, wenn ich einteile: Das Ding schadet unmittelbar und schadet den Menschen, Tieren und Pflanzen. Hier treten zwei verschiedene Einteilungsgründe nebeneinander auf. Wohl aber geht es an, den einen Einteilungsgrund zur **Unter**teilung des anderen zu verwenden. Beispiel: a) Unmittelbarer Schaden für Menschen, Tiere und Pflanzen; b) mittelbarer Schaden für Menschen, Tiere und Pflanzen.

Auf welche Weise komme ich zu einer guten Disposition?

In jedem Thema steckt ein Begriff, der sich besonders gut zergliedern läßt, von dem sich leicht verschiedene Arten oder verschiedene Merkmale aufzählen lassen. (Siehe hiezu Seite 60) Meist ist das derjenige Begriff, der beim Vorsprechen des Themas **betont** wird. Auf diesen Begriff bauen wir unsere Gliederung auf, d. h. wir setzen seine einzelnen Merkmale oder Teile in Beziehung zum Thema. Wenn sich mehrere Begriffe des Themas gut zergliedern lassen, so wählen wir denjenigen als Grundlage, der die günstigste Disposition ergibt.

Beispiel: Die Bedeutung der Verkehrsmittel für den Landwirt.

Hier lassen sich drei Begriffe zergliedern. Betont ist der Ausdruck „Verkehrsmittel". Zu diesen gehören diejenigen für die Personen- und Güterbeförderung, wie Wasser-, Land- und Luftfahrzeuge, und diejenigen für die Nachrichtenübermittlung, wie Post, Fernsprecher und -schreiber, Rundfunk und Zeitungen. Legen wir der Gliederung diesen Begriff zugrunde, so müssen wir die Fragen beantworten: Welche Bedeutung haben die Wasser-, die Land- und die Luftfahrzeuge für den Landmann? Welche Bedeutung haben Post, Fernsprecher usw. für den Landwirt?

Zergliedern wir den Begriff „Bedeutung"! Unter derselben verstehen wir den Nutzen und den Schaden und zwar jeweils den unmittelbaren und den mittelbaren. Als Disposition ergäben sich also die Sätze: Die Verkehrsmittel nützen dem Landwirt unmittelbar und mittelbar. Sie schaden ihm unmittelbar und mittelbar.

Der „Landwirt" kann ein Gütler, ein Bauer oder ein Großgrundbesitzer sein, wir können aber auch Ackerbauer und Viehzüchter voneinander trennen. In diesem Falle müßten unsere Fragen lauten: Welche Bedeutung haben die Verkehrsmittel für den Gütler, den Bauern, den Großgrundbesitzer? Oder: .... für den Ackerbauer, für den Viehzüchter?

Welche von den drei Gliederungsmöglichkeiten ist die beste?

Wohl die erste, weil sie der Eigenart des Themas am besten gerecht wird. Die zweite Gliederung ist eine rein schematische, eine äußerliche, die sich bei jedem ähnlichen Thema anwenden ließe. Sie befriedigt uns nicht ganz. Die dritte Gliederung ist aber sehr unvorteilhaft, weil wir auf jede unserer Fragen fast die gleiche Antwort bekommen und unser Aufsatz damit aus lauter Wiederholungen bestehen würde.

Die äußere Form der Disposition spielt nur dann eine Rolle, wenn die Niederschrift einer Gliederung eigens verlangt wird. In diesem Falle müssen die Hauptpunkte der Gliederung aus gleichartigen Elementen bestehen, aus lauter Ausdrücken oder aus lauter Behauptungssätzen oder aus lauter Fragesätzen. (Beispiel: Notwendigkeit der Polizei. Oder: Die Polizei ist notwendig. Oder: Warum ist die Polizei notwendig?)

Übungsaufgaben:

1. Stelle fest, welche Disposition Lesestücken, ausgeführten Aufsätzen und Artikeln aus deiner Fachzeitschrift zugrunde liegt!
2. Suche in verschiedenen Themen den Begriff, welcher die besten Einteilungsmöglichkeiten bietet und lege die Hauptpunkte der Gliederung fest!

Die Auffassung des Themas.

„Eile mit Weile!“

Bei der Korrektur von Prüfungsarbeiten macht man immer wieder die Erfahrung, daß viele Prüflinge, darunter oft die gewandtesten, auf den Kern des Themas zu wenig eingehen. Kaum haben sie den Hauptbegriff des Themas erfaßt, geht's ohne Beachtung der einschränkenden Nebenbegriffe blindlings an die Arbeit. Mitten in der Ausführung kommen sie endlich darauf, daß sie den Wagen auf ein Nebengeleise geschoben haben. Ihn wieder auf die richtige Bahn zu bringen, fällt oft sehr schwer, wenn es überhaupt noch gelingt.

Bevor wir eine Arbeit beginnen, müssen wir uns im klaren sein, was wir überhaupt machen sollen. Vor der Ausführung eines Themas müssen wir deshalb das Thema selbst gründlich durchdenken. Die paar Minuten, die wir hierfür brauchen, machen sich reichlich bezahlt.

Zunächst müssen wir jeden Begriff, den das Thema enthält, genau untersuchen. Wir beginnen mit dem Hauptbegriff, lassen uns von demselben aber nicht blenden, sondern betrachten die Umgebung, in der sie sich befindet. Jedes Wort des Themas ist wichtig. Oft sind es gerade kleine Formwörter, welche die Richtung und den Umfang unserer Arbeit bestimmen. Am Schlusse drücken wir das Thema in Satzform aus (wenn es nicht schon in derselben steht) und zwar entweder als Behauptung, die wir beweisen, oder als Frage, die wir beantworten werden.

Einige Beispiele sollen uns die Art dieser Überlegungen zeigen. „Die Haustiere.“ Unter Haustieren verstehen wir zunächst Tiere, die im und ums Haus leben. Spinnen und Wanzen finden wir aber auch im Hause. Gehören diese auch in unser Thema? Wohl nicht; wir müssen den Begriff genauer festlegen: Haustiere sind Tiere, die der Mensch um ihres Nutzens willen im und ums Haus hält. Dazu gehören Pferde, Rinder, Hunde, aber auch der Elephant als Arbeitstier des Inders und das Renntier als Milchkuh des Lappländers. Das Thema ist in keiner Weise beschränkt. Infolge seiner allgemeinen Abfassung können wir uns verbreiten über Arten, Lebensbedingungen und Bedeutung der Haustiere. Wir legen uns die Fragen vor: Welche Haustiere gibt es? Welches sind ihre Lebensbedingungen? Welche Bedeutung haben sie?

„Unsere Haustiere.“ Jetzt hat das Thema eine wesentliche Einschränkung erfahren und zwar durch das Fürwort „unsere“. Es fallen jetzt die Haustiere aller fremden Länder weg. Die erste Frage heißt: Welche Haustiere gibt es bei uns? Die beiden anderen Fragen sind gleich.

„Bedeutung unserer Haustiere." Wieder eine Einschränkung. Arten und Lebensbedingungen unserer Haustiere treten durch das Wort „Bedeutung" in den Hintergrund, jetzt handelt es sich hauptsächlich um Nutzen und Schaden unserer Haustiere für Menschen, Tiere und Pflanzen. In Satzform heißt das Thema: Welche Bedeutung haben unsere Haustiere für Menschen, Tiere und Pflanzen?

„Der Nutzen der Haustiere für den Menschen." Der Hauptbegriff ist geblieben. „Der Haustiere" leitet uns an, wieder an die Haustiere aller Zonen zu denken. „Der Nutzen": Arten, Lebensbedingungen und Schaden fallen weg, wir müssen uns vorzugsweise mit den Vorteilen beschäftigen, die die Haustiere gewähren. „Für den Menschen": eine neue Einschränkung, durch welche der Nutzen der Haustiere für andere Tiere und für die Pflanzen aus der Betrachtung ausgeschaltet wird. Die Satzform des Themas lautet: Auf welche Weise nützen die Haustiere dem Menschen?

„Der Nutzen des Rindes für den Menschen." Es ist dasselbe Thema wie das vorhergehende mit dem Unterschied, daß jetzt Pferde, Geflügel, Schweine usw. in Wegfall kommen und sich die Betrachtung bloß mehr auf eine bestimmte Art von Haustieren, das Rind, erstreckt. Die Behauptung der Überschrift lautet also: Das Rind nützt dem Menschen.

Die vorstehenden Themen stellen Abstufungen ein und desselben Grundthemas dar. Die stückweisen Veränderungen beweisen, daß Inhalt und Umfang des Themas von jedem einzelnen Wort beeinflußt werden. Es folgen noch einige Beispiele für die Zergliederung des Themas.

„Das Wasser als Freund des Menschen."

Wasser: eine Flüssigkeit, die aus Wasserstoff und Sauerstoff besteht. Ist es immer flüssig? Nein, es kommt auch in festem Zustand als Eis und in gasförmigem Zustand als Wasserdampf vor.

Freund: ein Freund ist gefällig, er hilft und nützt uns.

Mensch: Das Wasser nützt auch den Tieren, den Pflanzen und der Erde. Wir sollen aber bloß vom Nutzen für den Menschen reden, das schließt aber nicht aus, daß wir den Nutzen für die übrigen Geschöpfe als mittelbaren Nutzen für den Menschen betrachten.

Satzform: Wie nützt das feste, das flüssige und das gasförmige Wasser dem Menschen?

„Not weckt Kraft."

Not: leibliche und seelische Zwangslage.

Kraft: Fähigkeit zur Überwindung von Schwierigkeiten.

weckt: ruft hervor; ist die Ursache davon; löst aus.

Satzform: Das Thema steht bereits in der Form eines Behauptungssatzes, eine — nicht notwendige — Umschreibung trägt zur Klarstellung bei: Eine Zwangslage ruft von selbst in uns die Fähigkeit zu ihrer Überwindung hervor.

„Es ist die Rede dreierlei:
Ein Licht, ein Schwert und Arzenei.“

Rede: ausgesprochene Gedanken, Worte.

Licht: etwas was leuchtet, erhellt, wärmt.

Schwert: Mittel zu Angriff und Verteidigung, bereitet Schmerzen, verwundet.

Arznei: heilt, lindert Schmerzen.

Satzform: Wir lösen obigen Satz in drei Behauptungssätze auf.

Die Rede erhellt und erwärmt wie das Licht.

Die Rede kann wie das Schwert zu Angriff und Verteidigung dienen.

Die Rede heilt und läutert wie eine Arznei.

Zusammenfassung über die Betrachtung des Themas:

1. Zergliedere jeden Begriff des Themas!
2. Beachte die Begrenzung des Themas!
3. Drücke das Thema in Satzform aus!
4. Untersuche, welchem Stoffkreis es angehört!

Die Stoffsammlung.

Im vorhergehenden Abschnitt wurde gefordert, daß jedes Thema in einem ganzen Satz — evtl. mehreren Sätzen (Fragen) — ausgedrückt wird. Derselbe soll uns die Bildung von Fragen erleichtern. Das richtige „Ausfragen" des Themas ist der Schlüssel zum Geheimnis der Stoffsammlung. Die gestellten Fragen verlangen Antworten und der Inhalt der Antworten ist unser Stoff. Die für unseren Zweck geeignetsten Fragewörter sind: Wer? wem? was? wo? wodurch? warum? wie? wann? wozu? womit? wovon? Gut ist es, wenn wir uns beim Fragen zuerst einen Vertreter des Hauptbegriffes unseres Themas und dann möglichst viele verschiedene Vertreter (Arten) desselben vorstellen.

In dem Thema „Der Nutzen des Wassers" steckt die Behauptung: „Das Wasser nützt dem Menschen." Wir stellen nun folgende Fragen: „Wem nützt das Wasser? Wie nützt es? Wodurch nützt es? Wo nützt es? Wann nützt es? Wozu nützt das Wasser? Welche Arten des Wassers gibt es? Wie nützt das Süßwasser, das Salzwasser? In welcher Form kommt das Wasser vor? Wie, wem, wann usw. nützt das flüssige, das gefrorene, das dampfförmige Wasser? Welche Arten von Gewässern gibt es? Wie nützen stehende, fließende Gewässer? usf. Die eingehende Beantwortung dieser Fragen liefert uns Stoff genug für die Bearbeitung des Themas.

Noch bedeutend reichhaltiger wird die Stoffausbeute, wenn wir unsere Fragen an Hand der „Übersichten" über die Stoffkreise „Natur" und „Mensch" stellen. Beispiel: Siehe Seite 37. u. 51!

Wer aber ein reiches und geordnetes Stoffwissen sein eigen nennt, wird gar bald auch auf diese Hilfsmittel verzichten und sich bei der Arbeit nur vom Thema selbst leiten lassen. Beispiel: Siehe Seite 60!

Einige nachfolgend öfters gebrauchte Begriffe bedürfen einer Verdeutlichung, die wohl am besten durch praktische Beispiele erfolgt.

„Mittelbar und unmittelbar". Das Wasser benötigt der Mensch zum Trinken und zur Zubereitung seiner Speisen. Auf diese Weise nützt es dem Menschen „unmittelbar". Aber auch das Gedeihen und Wachsen der Tiere und Pflanzen ist vom Wasser abhängig. Die Tiere und Pflanzen sind dem Menschen nützlich. Dadurch, daß das Wasser den Tieren und Pflanzen förderlich ist, dient es auch dem Menschen, aber nur „mittelbar". Kommen also zwei Dinge erst durch ein Zwischenglied, auf einem Umweg, miteinander in Verbindung, so stehen sie in einem „mittelbaren" Verhältnis zueinander, ohne das Zwischenglied aber in einem „unmittelbaren".

„Im allgemeinen und im besonderen." Jedem Menschen dient das Wasser zum Trinken, Kochen und Waschen.

Darüber hinaus aber sind einzelne Berufe in verstärktem Maße auf das Wasser angewiesen, z. B. der Müller, der Schiffer, der Fischer. Im ersten Fall nützt das Wasser „im allgemeinen", im zweiten Falle „im besonderen".

„Bedeutung." Darunter ist nicht bloß der Nutzen eines Dinges zu verstehen, sondern auch sein Schaden. Manche Dinge aber haben noch besondere Vorzüge; sie nützen oder schaden nicht bloß, sondern erfreuen uns durch die Schönheit ihrer Form oder die Interessantheit ihrer Eigenschaften. Die Fähigkeit des Wassers, sein Bett rasch ausfüllen, ja verlassen zu können, ist — als schädlich — für die Uferbewohner von gleich großer „Bedeutung", wie der Nutzen des Wassers. Außerdem aber bereichert die Schönheit eines Wasserfalles oder eines Sees unser Gemüt.

Stoffkreis „Natur“.

Zur Natur gehören das Reich der Tiere, der Pflanzen und der Gesteine, die Naturkräfte und -erscheinungen und die Erde.

Einen Gegenstand aus diesen Gebieten betrachten wir zunächst einmal für sich allein. Wir versuchen sein Wesen zu erfassen (Begriffserklärung), suchen seine Haupteigenschaften und, wenn nötig, auch diejenigen seiner Teile, forschen weiterhin nach seinen Arten und Formen und nach seinem Vorkommen, bzw. nach seiner Verbreitung oder Lage. Fragen nach der Gewinnung, Verarbeitung und Verwendung des Gegenstandes kommen hinzu, wenn der Mensch zu ihm in irgendeiner Beziehung steht.

Hierauf beschäftigen wir uns mit der Wirkung, die der Gegenstand auf seine Umwelt ausübt. Dieselbe kann vorteilhaft oder unvorteilhaft für diese sein. Sie erstreckt sich auf andere Gegenstände aus dem Reich der Natur in allen ihren Teilen oder auf den Menschen. Vielfach ist die Beziehung des Gegenstandes zum Menschen eigens betont. In diesem Falle dürfen wir uns nicht mit einer kurzen Betrachtung über die „Verwendung“ zufrieden geben, sondern müssen den Einfluß auf den Menschen genauer untersuchen. Derselbe kann sich auf Leib und Seele eines jeden Menschen erstrecken. Außerdem dient der Gegenstand oft in besonderem Maße einem gewissen Berufe, der dem Nährstand, dem Lehrstand oder dem Wehrstand angehört. Manche Gegenstände sind nicht bloß für den einzelnen Menschen und besondere Berufsgruppen, sondern für ein ganzes Volk oder gar für die gesamte Menschheit von Wichtigkeit.

In manchen Fällen halten sich Vorteile und Nachteile, die der Gegenstand bietet, die Waage. Hier gilt es, zu untersuchen, unter welchen Bedingungen die einen größer sind wie die andern.

Übersicht.

I. Betrachtung des Gegenstandes für sich.

a) Begriffserklärung (Wesen).
b) Arten und Formen.
c) Eigenschaften des Ganzen und seiner Teile.
d) Vorkommen (Lage, Verbreitung).
e) Gewinnung.
f) Verarbeitung [1]).
g) Verwendung [1]).

[1]) Kommt hier in Wegfall, wenn die Bedeutung für den Menschen eigens hervorgehoben werden soll.

II. Einfluß bzw. Wirkung auf die Umwelt. Bedeutung, d. i. unmittelbarer und mittelbarer

A. Nutzen,

B. Schaden

1. für das Reich der Natur:
   a) Tiere,
   b) Pflanzen,
   c) Gesteine,
   d) Naturkräfte und -erscheinungen,
   e) Erde;
2. für den Menschen.
   a) Im allgemeinen:
      α) Körperlicher Mensch (Gesundheit — zur Erhaltung des Lebens wichtige Tätigkeiten, wie waschen, schlafen, trinken, essen, kochen, arbeiten usw.).
      β) Seelischer Mensch (Denken, — Fühlen — Wollen).
   b) Im besonderen:
      α) Nährstand (Landwirtschaft, Handel, Verkehr, Gewerbe, Industrie).
      β) Lehrstand (Religion, Kunst, Technik und Wissenschaft).
      γ) Wehrstand (Polizei, Militär, Feuerwehr, Sanitäter, Bergwacht usw.).
   c) Gesamtheit von Menschen:
      α) Volk,
      β) Menschheit.

III. Abwägen der Vor- und Nachteile des Gegenstandes.

Das Eisen u. seine Bedeutung für den Menschen.

Auffassung des Themas:

Würde das Thema nur heißen „Das Eisen", so käme in erster Linie die „Betrachtung des Gegenstandes für sich" in Frage. Würde das Thema lauten: „Die Bedeutung des Eisens für den Menschen", so müßten wir uns hauptsächlich mit dem Einfluß des Eisens auf den Menschen befassen. In der vorliegenden Gestaltung aber verlangt das Thema von uns zuerst die Betrachtung des Eisens für sich und dann diejenige seines Einflusses auf den Menschen. Die Wirkung des Eisens auf die übrige Natur kommt in Wegfall.

Die allgemeine Fassung des ersten Teiles unseres Themas läßt folgende Fragen zu: „Was versteht man unter Eisen? Welche Arten und Formen kennen wir? Welche Eigenschaften hat das Eisen? Wie und wo kommt das Eisen vor? Wie wird es gewonnen? Wie wird es verarbeitet?" Der zweite Teil verlangt Beantwortung der Doppelfrage: „Wie nützt und schadet das Eisen dem Menschen?"

Stoffsammlung:

Wir stellen nun unsere Fragen an das Thema an Hand der Übersicht für Themen über Gegenstände aus dem Naturreich. Dabei wird jede einigermaßen brauchbare Antwort notiert. Ob und wo wir sie dann verwenden, prüfen wir erst später. Immerhin lassen sich oft hier schon die Antworten so niederschreiben, daß Wesentliches und Unwesentliches, Mittelbares und Unmittelbares voneinander getrennt stehen.

Auf Grund der oben angeführten Fragen bekommen wir folgende Antworten:

Begriffserklärung: „Eisen" bedeutet wissenschaftlich ein Element, einen Grundstoff und Baustoff der Erde, gewerblich aber eine Mischung des Eisenelementes mit anderen Metallen oder Nichtmetallen.

Arten und Formen: Gußeisen, Stahl und Schmiedeeisen. Sie unterscheiden sich durch ihren Gehalt an Kohlenstoff. — Barren, Blech, Draht.

Eigenschaften: hart, fest, schmelzbar, unverbrennbar, guter Wärmeleiter, rostet (verbindet sich mit Sauerstoff), spröde, brüchig = Guß, hart und elastisch = Stahl, hämmerbar, schweißbar, weich = Schmiedeeisen bzw. Stahl.

Vorkommen: selten als reines Metall, meist als „Eisenerz".

Roteisenstein an der Sieg und Lahn, am Dill und im Sauerland; aus Nordspanien und Nordafrika eingeführt. Magneteisenstein: Schweden. Brauneisenstein: Luxemburg und Lothringen. Spateisenstein: Siegerland, Thüringen, Steiermark.

Gewinnung: Bergbau. Hochofenbetrieb, Hütte.

Verarbeitung: Eisenwerk, Walzwerk.

Verwendung: Bildet den Hauptteil der „Bedeutung", wird deshalb dort im einzelnen erörtert.

Bedeutung: hauptsächlich Nutzen, Schaden kommt kaum in Betracht.

Nutzen für das Naturreich: fällt hier weg.

Nutzen für den Menschen:

Im allgemeinen. Körper: Gesundes Blut muß Eisen enthalten. Rote Blutkörperchen sind die Träger des Eisens. Pflanzenkost: Salat, Spinat. Stahlbäder, — Schaden: rostiger Nagel, Blutvergiftung.

Lebenswichtige Tätigkeiten: Kochen, waschen: Geschirre und Geräte aus Eisen. Wärme: eiserner Ofen. Wohnung: T-Träger, Arbeitsgerät, Stahlhäuser und -möbel.

Seelischer Mensch:

Denken: Eisen ist die Grundlage vieler Erfindungen. Technik. Mittelbar: Stahlfeder und Buchdruckerpresse verbreiten die Bildung.

Fühlen: Kunstschlosserei. Schmiedeeiserne Gitter und Grabkreuze erfreuen uns. Stahlglocke ruft zur Andacht.

Wollen: Eisen = Sinnbild der Stärke und der Charakterfestigkeit. „Eiserne Nerven, stählerne Muskeln."

Im besonderen. Nährstand:

Landwirtschaft: Pflug, Sense, Anbau- und Erntemaschinen. Handel und Verkehr: Achsen und Federn für Wagen aller Art, Auto, Schienen, Eisenbahn, Schiffe, Flugzeuge. In Verbindung mit Magnetismus: Telephon und Telegraph, Dynamomaschine. Gewerbe: Schlosser, Schmied, Mechaniker. Industrie: unmittelbar: Eisen ist Material; mittelbar: Die aus Eisen gefertigte Maschine ermöglicht überhaupt erst den Betrieb eines Gewerbes im großen. Kraft- und Arbeitsmaschinen. Maschinen- und Schiffsbauwerkstätten, Waffenindustrie, Kleineisenindustrie.

Wehrstand:

Polizei und Militär haben eiserne Waffen. Gewehr, Säbel, Kanone, Tank, Kampfwagen, U-Boot; Stacheldraht, Materialkrieg.

Lehrstand: Chirurgische Instrumente, Meßgeräte für Wissenschaftler. Technik: Konstruktionen von Brücken, Türmen, Wehren usw. aus Stahl.

Gesamtheit von Menschen:

Volk: Durch Maschinen erhöhte Gütererzeugung, Verkehr: besserer Absatz, Steigerung des Volksvermögens, dadurch Freiwerden von Mitteln für kulturelle Zwecke. Eisen ruft in Verbindung mit Kohle Siedlungen hervor. Rüstung sichert Frieden.

Menschheit: Kulturfortschritt des Menschen seit Verwendung des Eisens.

Abwägen der Vor- und Nachteile:

Nachteile kommen fast nicht in Frage.

Gliederung.

In welcher Reihenfolge schreiben wir nun die in der Stoffsammlung niedergelegten Gedanken nieder? Als natürliche Gliederung ergibt sich hier die Dreiteilung: Gewinnung, Verarbeitung und Verwendung des Eisens. Die zweite Hälfte des Themas ließe sich auch einteilen in die Bedeutung des Gußeisens, des Schmiedeeisens und des Stahls, doch ergäben sich hiebei viele Wiederholungen. In ganz schwierigen Fällen kann sich der im Disponieren wenig Geübte an die in der „Übersicht" schon gegebene Reihenfolge halten. Immer aber müssen wir, um Wiederholungen und Umwege zu vermeiden, die Teilergebnisse unserer Stoffsammlung so zusammenstellen, wie sie von Natur aus oder logischerweise zusammengehören. Die nachfolgende Gliederung ist stark an die Richtlinien angelehnt. Wir müssen uns noch fragen, was Einleitung und Schluß enthalten sollen. Entsprechend den auf Seite 25 gegebenen Anhaltspunkten kommt eine der folgenden Einleitungen in Betracht:

1. Etwas Allgemeineres: Bedeutung der Bodenschätze überhaupt.
2. Etwas Ähnliches: Die Kohle. — Das Gold.
3. Etwas Geschichtliches: Die Entwicklung der Kruppwerke. — Die Eisengewinnung und -verarbeitung im Deutschen Museum zu München.
4. Begriffserklärung: Wissenschaftliche und gewerbliche Auslegung des Begriffes Eisen.
5. Gegenteil: Die Welt ohne Eisen.
6. Für den Hauptteil nicht benötigte Punkte der „Übersicht": Bedeutung des Eisens für das Reich der Natur.

Als Schluß kommt folgendes in Frage:

1. Knappe Zusammenfassung über den Nutzen des Eisens. Oder:
2. Forderung: Bestmögliche Ausnützung der Eisenvorräte der Erde. Oder:
3. Höherer Standpunkt: „Der Gott, der Eisen wachsen ließ, der wollte keine Knechte!" — Dank dem Schöpfer für das Eisen.

Der folgenden Ausführung liegt nachstehende Disposition zugrunde:

Einleitung: Das Eisen steht mit Unrecht in geringerem Ansehen als das Gold.

Hauptteil:

1. Das Eisen ist ein Grundstoff der Erde. (Wesen, Gestalt, Fundorte, Gewinnung).
2. Es gibt drei Sorten von Eisen, die entsprechend ihren Eigenschaften verwendet werden. (Gußeisen, Schmiedeeisen, Stahl).
3. Das Eisen ist für die Gesunderhaltung des menschlichen Körpers notwendig. (Blutbildung, Pflanzenkost, Mineralbäder).
4. Das Eisen ist jedem Menschen nützlich. Werkzeuge und Geräte, Material, Arbeitgeber.)
5. Das Eisen hat große Bedeutung für Gewerbe und Industrie. (Arbeitsmaterial, Werkzeuge, Maschinen.)

6. Das Eisen dient dem Verkehr. (Wasser-, Land- und Luftverkehr; fernmündlicher und -schriftlicher Verkehr.)
7. Das Eisen ist von Wichtigkeit für das ganze Volk. (Wohlstand durch vermehrte Gütererzeugung. — Sicherheit durch Rüstung.)
8. Das Eisen fördert die ganze Menschheit. (Stahlfeder und Buchdruck; Wissenschaft und Kunst.)

Schluß:

Der Mensch darf das so nützliche Eisen nicht vergeuden.

Das Eisen und seine Bedeutung für den Menschen.

Das Gold gilt als das edelste und begehrenswerteste unter allen Metallen. Nach ihm jagt die ganze Menschheit und verspricht sich von ihm allein die Erfüllung aller Wünsche. Unscheinbar und gering steht ihm das Eisen gegenüber. Trotzdem aber bringt dieses dem Menschen mehr Segen als jenes, indem es ihn zur Arbeit anhält und eine Reihe von Kulturgütern schafft. Den Beweis hiefür wird uns die nachfolgende Betrachtung über das Wesen des Eisens, über seine Gewinnung und Verarbeitung sowie über seinen Nutzen für den Menschen liefern.

Das Eisen ist ein Element, da seine Atome sich nicht in andere Stoffe zerlegen lassen. Zu den Metallen gehörend, kommt es fast nirgends gediegen vor, sondern ist meist an andere Mineralien gebunden. In Deutschland wird es in Form des Spat-, Rot- oder Brauneisensteines gefunden und als solcher im Jura, im Rheinischen Schiefergebirge und auf der Tarnowitzerplatte abgebaut. Doch können diese Orte den Bedarf Deutschlands an Eisen nicht decken, so daß große Mengen aus Skandinavien und Spanien eingeführt werden müssen. Wo immer aber eisenhaltiges Gestein in erreichbarer Tiefe lagert, wühlt alsbald der Bergmann seine Gänge in das Innere der Erde. Mächtige Hochöfen rauchen neben den Schächten, in denen die Kohle das Eisen aus seiner alten Bindung befreit, damit es eine bessere mit ihr selbst eingehe.

Der unterschiedliche Gehalt an Kohlenstoff läßt uns drei Arten von Eisen unterscheiden: Gußeisen, Schmiedeeisen und Stahl. Die Eigenschaften dieser Sorten bedingen ihre Verwendbarkeit. Das Gußeisen ist spröde und wird leicht brüchig. Aus ihm fertigt man deshalb nur Gegenstände, die wenig durch Druck und Zug beansprucht werden. Das hämmerbare und schweißbare Schmiedeeisen dagegen verarbeitet man zu Geräten und Werkzeugen, die Schlag und Stoß aushalten müssen. Die Härte und Elastizität des Stahles aber hält selbst den größten und allseitigsten Anforderungen stand.

Bevor wir auf die vielseitige Verwendbarkeit des Eisens im besonderen eingehen, wollen wir nachweisen, wie notwendig das Eisen für den menschlichen Körper ist. Derselbe kann ohne eine bestimmte Menge gesunden Blutes nicht bestehen. Gesund aber ist dieses nur, wenn die roten Blutkörperchen genügend Eisen mit sich führen. Wie aber wird dem Körper das Eisen übermittelt? Er erhält es durch die

Pflanzenkost, vor allem durch den Genuß von Salat, Spinat und ähnlicher Pflanzen, deren Blätter einen hohen Eisengehalt aufweisen. Oft reicht aber diese normale Versorgung mit Eisen nicht aus. Dann muß dieses durch Arzneien und Bäder dem Körper künstlich zugeführt werden, wenn derselbe lebens- und arbeitsfähig bleiben soll.

Bei allen für die Erhaltung des Lebens wichtigen Tätigkeiten wird der Mensch vom Eisen unterstützt. Es hilft ihm als Pflug und Sense bei der Beschaffung der Nahrungsmittel, als Binder und Träger beim Bau seiner Wohnungen und als Nähnadel und Webstuhl bei der Herstellung seiner Kleidung. Außerdem gibt es unmittelbar und mittelbar vielen Menschen Arbeit und sichert ihnen dadurch ihr Fortkommen.

Ganze Erwerbszweige bauen sich auf das Eisen auf. Schlosser, Schmiede und Mechaniker finden in ihm das Material für ihre handwerkerlichen Erzeugnisse. Die Industrie aber stellt aus ihm Werkzeuge und Maschinen im großen her. Hammer, Messer und Meißel sowie Dampfpflug, Turbine und Dynamo sollen nur andeuten, wie vielseitig das Gebiet der industriellen Verwendung des Eisens ist.

Nicht nur Arbeits- und Kraftmaschinen, sondern auch fast sämtliche Verkehrsmittel verdanken wir dem Eisen. Die Lokomotive befördert auf eisernen Schienen und Wagen Personen und Waren von Ort zu Ort; das Schiff trägt in seinem stählernen Rumpf Riesenlasten von Gütern über alle Meere, Auto und Flugzeug mit ihren metallnen Rippen und Motoren drücken die Verkehrszeiten auf ein Mindestmaß herab. Ja, die magnetische Kraft des Eisens erspart dem Menschen sogar die Mühe, sich selbst auf den Weg begeben zu müssen. Telephon, Telegraph und Radio sorgen für rasche Verständigung über den ganzen Erdball hinweg.

Untersuchen wir nun, wie das Eisen einer größeren Gesamtheit von Menschen, dem Volke, dient! Es erhöht das Nationalvermögen und sichert den Bestand eines Staates. Die Maschine erst hat die weitgehendste Arbeitsteilung ermöglicht. Im Verein mit ihr befähigt sie die Industrie, Güter in solchen Mengen herzustellen, daß ein großer Teil derselben gewinnbringend an das Ausland abgegeben werden kann. Je größer aber die Ausfuhr eines Landes ist, desto größer ist der Wohlstand desselben. Die Steigerung des Wohlstandes wirkt sich in einer vermehrten Aufwendung von Mitteln für soziale und ideelle Zwecke aus.

Segenbringende Arbeit aber ist nur möglich in einem Staate, in welchem Ruhe, Ordnung und Sicherheit durch eine starke Hand gewährleistet sind. Polizei, Heer und Marine müssen das Land schützen, was ihnen nur mit Hilfe des Eisens gelingen kann. Die Polizei bezieht Säbel, Pistolen und Gewehre aus der Waffenfabrik. Die Armee bestellt Nahkampfmittel, Geschosse und Geschütze in den Kriegswerkstätten. Die Marine erhält Panzerplatten, Maschinen und Torpedos von den Werften. In mannigfacher Gestalt und

Form spielt das Eisen bei der Verteidigung und beim Angriff eine beherrschende Rolle.

Zum Schlusse wollen wir darüber nachdenken, ob das Eisen wirklich bloß der ernsten, mühevollen Arbeit dient. Steht es den heiteren Aufgaben des Lebens völlig fremd gegenüber? Vermöge seiner Bildsamkeit hat es zu allen Zeiten zur Betätigung des Kunstsinnes Verwendung gefunden. Verzierungen an Geräten und Waffen, schmiedeeiserne Gitter und Kreuze sind Zeugen hiefür. Mittelbar aber hat das Eisen in Form der Stahlfeder und der Buchdruckerpresse in alle Bevölkerungskreise Licht und Freude getragen, weil durch sie erst Kunst und Wissenschaften allgemeine Verbreitung erlangten.

Niemand möchte heute das Eisen missen. Im Laufe des letzten Jahrhunderts ist es dem Menschen völlig unentbehrlich geworden. Räumen wir ihm deshalb die ihm gebührende Wertschätzung ein! Diese soll sich praktisch darin äußern, daß wir die nicht unerschöpflichen Vorräte der Natur an Eisen schonen, indem wir nie und nirgends das Eisen achtlos vergeuden. (Zum Teil nach Heide-Drechsel.)

Erklärung und Begründung des sprachlichen Aufbaues.

Einleitung.

Die Einleitung soll den Leser für das Thema interessieren. Wir beginnen deshalb mit dem Gold als einem Metall, für das jeder Leser Sympathien besitzt und dessen Vorzüge in einem gewissen Gegensatz zur Unscheinbarkeit des Eisens steht. Wir betonen diesen Gegensatz absichtlich und fordern dann durch die Behauptung, daß das Eisen nützlicher sei als das Gold, den Widerspruch des Lesers heraus. Es ist dann gespannt darauf, wie wir im Hauptteil den Beweis für unsere Behauptung erbringen. Im letzten Satz der Einleitung ist das Thema aufgelöst. Dadurch, daß derselbe die Gliederung zum Teil verrät, haben wir einen Übergang zum Hauptteil erhalten.

Merke: Betonung von Gegensätzen und Herausforderung des Widerspruches des Lesers erzeugen Interesse.

Hauptteil.

Das Thema ist sehr umfangreich. Wenn wir es ausführlich bearbeiten wollten, entstünde ein ganzes Buch. Bei der großen Zahl unserer Punkte können wir bei keinem allzulange verweilen. Oft müssen wir uns damit begnügen, durch ein einziges Wort oder einen kurzen Satz den Leser gleichsam an die Stirn zu tippen, seine eigenen Gedanken wachzurufen und ihn dadurch anzuregen, „zwischen den Zeilen zu lesen".

1. Abschnitt.

Im ersten Abschnitt erklären wir zunächst, daß das Eisen ein Element ist. Wo und wie es gefunden wird, läßt sich leicht damit verbinden. Wir beschränken uns dabei auf diejenigen Fundorte, die für uns Deutsche in Betracht kommen. Die Gewinnung des Eisens ist durch das „Wühlen des Bergmannes", die Verarbeitung durch die „Hochöfen" angedeutet. Der Vorgang im Hochofen, nämlich die Verbindung des Eisens mit Kohlenstoff ist zwar nur eine Einzelheit. Wir können diese aber hier sehr gut brauchen, weil sie uns unauffällig zum nächsten Punkt hinüberführt. Der wichtigste Begriff des ersten Satzes im nächsten Abschnitt ist nämlich die Kohle. Wir haben diesen Hauptbegriff schon in den letzten Satz des vorhergehenden Abschnittes hereingenommen und ersparen uns dadurch einen eigenen Überleitungssatz.

Merke! Ein eigener Überleitungssatz ist überflüssig, wenn man den Hauptbegriff des ersten Satzes im neuen Abschnitt schon im letzten Satz des vorhergehenden Abschnittes vorausgenommen hat.

2. Abschnitt:

Wir kommen nun zu den drei Arten des Eisens. Wir könnten zuerst über deren Eigenschaften sprechen und dann über ihre Verwendung. Damit wir aber rascher vom Fleck kommen, verbinden wir beide Punkte gleich miteinander. Darum geben wir auch durch den Satz: „Die Eigenschaften bedingen die Verwendbarkeit" gleich zwei Ziele des Abschnittes an. Von den Eigenschaften nennen wir die hervorstechendsten, über die Verwendbarkeit stellen wir nur allgemeine Grundsätze auf.

Es liegt die Gefahr nahe, daß wir jeden Satz einleiten: „Das Gußeisen ist . . ., das Schmiedeeisen ist . . ., der Stahl ist . . ." Um die durch Wiederholungen immer erzeugte Langweiligkeit des Stiles zu vermeiden, schreiben wir bloß das erstemal „ist", das zweitemal gebrauchen wir zwei Eigenschaftswörter als Beifügung (hämmerbar und schweißbar), das drittemal zwei Dingwörter als Satzgegenstand (Härte und Elastizität). Auch sagen wir nicht dreimal „verwendet man . . .", sondern „fertigt man, verarbeitet man, hält stand".

Merke! Als Satzaussage verwendet man die Hilfszeitwörter „sein, haben und werden" möglichst wenig. An ihrer Stelle gebraucht man besser Tätigkeitswörter. Ein und dasselbe Tätigkeitswort darf aber in dem gleichen Abschnitt nicht zweimal vorkommen.

3. Abschnitt.

Die Notwendigkeit des Eisens für den menschlichen Körper kann mit den drei Eisensorten nicht unmittelbar in Verbindung gebracht werden. Deshalb brauchen wir hier unbedingt einen eigenen Überleitungssatz. Außerdem aber paßt dieser Punkt schlecht unter unsere anderen Punkte herein und ist noch dazu von geringerer Bedeutung als die folgenden. Wir nehmen ihn deshalb voraus und drücken dies aus durch: „Bevor wir eingehen."

Der erste Satz nach der Überleitung ist ein einfacher Erzählsatz, der zweite ein Satzgefüge, das aus Haupt- und Nebensatz besteht. Der nächste Satz hat zur Abwechslung die Form eines Fragesatzes erhalten, der durch ein größeres Satzgefüge, bestehend aus einem Haupt- und zwei Nebensätzen, beantwortet wird.

Merke! Lange und kurze Sätze müssen miteinander abwechseln. Zu lange Sätze machen den Stil schwer verständlich. Statt des gewöhnlichen Erzählsatzes verwendet man hin und wieder einen Frage- oder Ausrufesatz.

4. Abschnitt.

Der Ausdruck „lebens- und arbeitsfähig" im letzten Satz des vorhergegangenen Abschnittes leitet schon zu den „lebenswichtigen Tätigkeiten" über. Wir können deshalb gleich mit einem Behauptungssatz beginnen. Jede aufgestellte Behauptung muß bewiesen werden, es sei denn, daß sie eine Selbstverständlichkeit ausdrückt. Hier erbringen wir den Beweis durch je zwei Beispiele für Nahrung, Wohnung und Kleidung. Beim Behaupten muß man sich vor Übertreibungen hüten. Wir sagen deshalb nicht, daß der Mensch ohne das Eisen nicht leben könnte. In vielen Fällen würde nämlich das Holz als Ersatz genügen. Wir drücken uns deshalb bescheidener so aus: „Das Eisen unterstützt" den Menschen.

Merke! Stelle am Anfang des Abschnittes eine Behauptung auf und beweise sie dann!

5. Abschnitt.

Die Überleitung steckt wieder im vorhergehenden Satz. Die neue Behauptung wird mit Beispielen belegt. Über die Eisenindustrie könnten wir allein einige Seiten schreiben. Wir begnügen uns aber mit Andeutungen. Die hiefür benötigten Beispiele müssen so gewählt sein, daß jedes von ihnen Gedanken an ein anderes Verwendungsgebiet des Eisens im Leser auslöst. Der Hammer erinnert uns an die Schmiede, das Messer an den Schlächterladen, der Meißel an die Bildhauerwerkstätte. Der Dampfpflug ist der Vertreter der landwirtschaftlichen Betriebe, die Turbine der Wasserwerke und der Dynamo derjenige der Elektroindustrie.

Merke! Bei der Behandlung umfangreicher Stoffgebiete ruft man durch sorgfältig ausgewählte, typische Beispiele so viele und so verschiedene Vorstellungen im Leser wach, daß er angeregt und instand gesetzt wird, selbst den angedeuteten Stoffkreis in seiner ganzen Ausdehnung zu durchdenken.

6. Abschnitt.

Der fünfte und der sechste Abschnitt sind gleichartig und gleichwertig. Wir wählen deshalb als Überleitung das Doppelbindewort: nicht nur — sondern auch. Als hervorragende Vertreter der Verkehrsmittel, die auch u. a. Fahrräder, Wagen und Seilbahnen umfassen, stellen wir hier Lokomotiven, Schiffe, Autos und Flugzeuge auf. Es wäre nun ungeschickt, einfach zu sagen: „Diese sind aus Eisen". Das weiß jeder Leser auch ohne unser Zutun. Wir verstecken diese selbstverständliche Feststellung besser in folgende Ergänzungen: „... auf eisernen Schienen, in seinem stählernen Rumpf, mit ihren metallnen Rippen und Motoren." Auch weisen wir nicht unmittelbar auf die Rolle hin, die das Eisen bei den Verkehrsmitteln spielt, sondern betonen die eigenartige Bedeutung eines jeden derselben und damit mittelbar auch diejenige des Eisens.

Merke: Feststellungen von Selbstverständlichkeiten macht man nicht in Form von eigenen Behauptungssätzen, sondern lediglich in Form von Nebensatzteilen.

7. Abschnitt.

Ein Befehlssatz dient als Überleitung zum siebenten Abschnitt. Ihm folgt gleich eine Behauptung, die bewiesen werden muß. Der mittelbare Nutzen des Eisens macht sich in einer Steigerung des Volksvermögens bemerkbar, die wieder eine vermehrte Aufwendung von Mitteln für soziale und kulturelle Zwecke zur Folge hat.

8. Abschnitt.

Der Überleitungssatz des achten Abschnittes rückt die bewaffnete Macht des Staates ins Blickfeld. Das Wörtlein „aber" drückt aus, daß die Feststellungen des vorhergehenden Abschnittes nur unter einer bestimmten Bedingung zutreffend sind. Polizei und Militär müssen den Staat schützen. Wie sehr sie hiezu des Eisens bedürfen, zeigen drei Beispiele. Ein allgemeiner Satz am Ende des Abschnittes enthebt uns der Aufgabe, auf die Anwendung der Waffen näher einzugehen.

9. Abschnitt.

Zum Zeichen, daß wir beim letzten Abschnitt angelangt sind, beginnen wir den Überleitungssatz mit: „Zum Schlusse..." Die Stelle einer Behauptung nimmt zur Abwechslung ein Fragesatz ein, der Antwort erheischt. Durch dieselbe erfahren wir, daß das Eisen dem Menschen nicht nur verdienen hilft, sondern ihm auch Gelegenheit gibt, seinen Schönheitssinn zu betätigen und seinen Wissensdurst zu stillen. Ergreift der Mensch diese Gelegenheit, so wächst er über den Alltag hinaus. Wenn jeder einzelne aber nach schöneren und edleren als rein materiellen Zielen strebt, kommt die ganze Menschheit auf dem Wege zum Schönen, Wahren und Guten vorwärts.

Schluß.

Der Schluß enthält außer einer Behauptung, die keines Beweises bedarf, eine Forderung in Form eines Befehlssatzes. Der letzte Satz gibt an, auf welche Weise dem Befehl nachgekommen werden kann.

Stoffkreis „Mensch“.

Um Themen richtig beurteilen zu können, die sich vorzugsweise mit dem Menschen beschäftigen, und um für sie den nötigen Stoff herbeischaffen zu können, müssen wir uns über den „Menschen“ als solchen im klaren sein. Hiezu betrachten wir den Menschen zunächst für sich, als Einzelwesen, und dann in seinen Beziehungen zur Umwelt, als Gattungswesen.

Betrachtung des Menschen für sich:

Jeder Mensch besteht aus Leib und Seele. Der Leib besteht aus Haupt, Rumpf und Gliedmaßen. Wir können auch hier wieder Unterteilungen treffen, indem wir uns bei jedem Teil fragen: „Woraus besteht dieser?“ Die Zusammenfassung unserer Ergebnisse ergibt dann, daß wir uns bei der Beurteilung des „Äußeren“ eines Menschen halten müssen an: „Körpergestalt, Haltung, Blick, Gang, Kleidung und allgemeines Aussehen.“

Die Seele des Menschen selbst können wir nicht wahrnehmen, wohl aber ihre Tätigkeiten: Denken, Fühlen, Wollen. In bezug auf den Verstand unterscheiden wir Scharfsinn, Urteilskraft, Gedächtnis und Phantasie. Das Gemüt äußert sich in Liebe, Mitleid, Mitfreude, Frömmigkeit usw., der Wille in Form von Tatkraft, Tapferkeit, Entschlossenheit, Entschiedenheit usw. Die Anlagen eines Menschen sind mitbestimmend für seine Einstellung gegenüber Unterricht und Bildung, Natur, Wissenschaft, Kunst und Religion.

Für den Charakter eines Menschen ist aber auch die Beeinflussung der Anlagen durch die Umwelt von Bedeutung. Es ist von Wichtigkeit, aus welchen Kreisen ein Mensch stammt, in welcher Zeit und in welchem Ort er geboren und aufgewachsen ist, welche planmäßige Erziehung er in Elternhaus und Schule genossen hat und welche oft unkontrollierbaren Einflüsse (Geschwister, Freunde, Umgebung, Lektüre) die Erziehung gefördert oder gehemmt haben.

Betrachtung des Menschen in bezug auf sein Verhalten zur Umwelt.

Von den anderen Lebewesen, den Tieren und Pflanzen, unterscheidet sich der Mensch dadurch, daß er Vernunft und einen freien Willen besitzt. Diese Gaben versetzen ihn in die Lage, seine Handlungen den selbstgesteckten Zielen entsprechend einzurichten. Sie sind aber die Ursache dafür, daß der Mensch für sein Tun und Lassen, d. i. für seine Gesinnung, seine Reden und Handlungen, verantwortlich gemacht werden kann. Der Mensch wird deshalb beurteilt nach seinem Verhalten gegen sich selbst, gegen andere (Angehörige,

Verwandte, Bekannte), gegen die Allgemeinheit (Fernstehende, Gesellschaft, Staat, Kirche), gegen die übernatürliche Welt (Gott).

Übersicht.

Auch bei Themen aus diesem Stoffkreis kann uns nur fleißiges Ausfragen der einzelnen Begriffe des Themas (Fragewörter S. 33 1. Abschn.) reichlichen Stoff verschaffen. Obige Begriffsuntersuchung zeigt uns, woran wir dabei überhaupt zu denken haben. Eine Zusammenfassung derselben haben wir Seite 21 der Stoffsammlung für die Charakterbeschreibung zugrunde gelegt. Nach etwas anderen Gesichtspunkten zusammengestellt ist die nachfolgende Zusammenfassung, deren Grundzüge dem Buche „Die Technik des deutschen Aufsatzes“ von Heide und Drechsel, Verlag Kellerer, München, entnommen sind. Betont muß auch hier wieder werden, daß diese Aufstellung nur der Stoffsammlung dienen soll, nicht aber eine für alle Themen passende Gliederung sein soll und kann. Natürlich ist auch keine starre, sondern nur eine freie Verwendung der Übersicht möglich.

Der Mensch

1. als körperliches Wesen (Äußeres: Aussehen, Körpergestalt, Haltung, Blick, Gang, Kleidung usw. — Leben, Gesundheit, Körperpflege, Sport);
2. als geistiges Wesen (Verstand, Phantasie, Gemüt, Wille; Charakteranlagen, Temperament; Unterricht und Bildung; Wissenschaft, Kunst und Religion; Natur);
3. als sittliches Wesen in Hinsicht auf die Erfüllung seiner Pflichten
   a) gegen sich selbst (Reinlichkeit, Mäßigkeit, Sparsamkeit, Fleiß, Ordnungsliebe, Wahrheitsliebe, Geduld usw.);
   b) gegen den Nächsten (Bescheidenheit, Gerechtigkeit, Ehrlichkeit, Wohltun, Aufopferung, Treue, Gehorsam usw.);
   c) gegen Gott (Glaube, Frömmigkeit usw.);
4. als wirtschaftliches Wesen (materielle Güter, Erzeugung und Verbrauch, Nährstand, Eigentum);
5. als gesellschaftliches Wesen (Familie, Gemeinde, Staat).

Arten der Themen und theoretische Anweisung.

Die Themen aus dem Stoffkreis „Mensch" sind sehr mannigfaltig. Wir können sie in folgende drei große Gruppen einteilen: Charakteristiken, Themen mit begrenztem Stoffgebiet und allgemeine Themen.

I. Die Charakteristik. (Personenbeschreibung.)

Dieselbe darf nicht verwechselt werden mit der Personenbeschreibung, die der Pol.-Beamte aus Ausschreibungen, Haftbefehlen usw. kennt. Letztere ist lediglich eine genaue Aufzählung von Äußerlichkeiten und zwar oft kleinster Einzelheiten. Die Charakteristik aber unterrichtet uns in großen Zügen nicht nur über das Äußere, sondern mehr noch über das Innere eines Menschen, sie erklärt, warum ein Mensch das geworden ist, was er ist, und wie er sich der Umwelt gegenüber verhält. — Beschreiben können wir eine bestimmte Persönlichkeit aus unserem Bekanntenkreis, aus der Geschichte (Bismarck, Friedrich der Große) oder aus der Literatur (Wilhelm Tell, Möros, der Taucher). Es kann uns aber auch die Aufgabe gestellt werden zu schreiben über den Vertreter eines Standes (der Landmann, der Pol.-Beamte, der Kaufmann) oder über den Vertreter einer Charaktergruppe (der Geizige, der Verschwender, der Leichtsinnige).

Bei der Durchführung des Themas können wir zwei Wege beschreiten: Entweder geben wir einen Tag aus dem Leben der betreffenden Person wieder, dann haben wir es mit einer Erzählung zu tun, oder wir fassen zusammen, was wir über Erziehung, Ausbildung, Tätigkeit, Erfolge usw. der Person wissen, was einer Beschreibung gleichkommt. Die hiebei zu beachtenden Gesichtspunkte und ihre Reihenfolge ergeben sich aus den Erläuterungen zum Stoffkreis „Mensch". Im übrigen siehe hiezu „die Personenbeschreibung" Seite 21.

II. Themen mit begrenztem Stoffgebiet.

Eng begrenzt ist der Stoffbereich aller Themen aus reinen Wissensgebieten, z. B. aus Geschichte und Staatsbürgerkunde, sowie aus Spezialgebieten. Solche Themen können nur gestellt werden, wenn ein entsprechender Unterricht oder eine Spezialausbildung vorangegangen ist. Dadurch werden aber diese vielfach zu zusammenfassenden Nacherzählungen, deren Stoff bekannt und deren Gliederung meist schon durch die Sache selbst gegeben ist Hier hält man sich am besten an die Gliederungen und die Ausdrucksweise der vorgeschriebenen Lehrbücher. Für die Aufgaben aus den berufswissenschaftlichen Fächern, z. B. aus der Gesetzeskunde oder aus dem Erkennungsdienst, finden wir gute Muster in den Fachzeitschriften. Wir arbeiten eine Reihe gleichartiger Artikel durch, stellen vor allem die Disposition derselben fest und versuchen, allgemeine Gesichtspunkte herauszuschälen, die in jedem der Aufsätze in Erscheinung treten. Auf diese Weise werden wir auch für solche Aufsätze eine „Übersicht" gewinnen, die uns vor allem bei der Bearbeitung von Prüfungsaufgaben gute Dienste leisten wird.

Von den nicht fachwissenschaftlichen Themen gehören hierher Themen folgender Art: „Die Polizei und ihr Wirkungskreis. — Der Krieg als Schule. — Der Einfluß der Musik auf den Menschen. — Die Bedeutung der Presse."

Bei diesen Themen ist der Stoffkreis ein viel weiterer als bei den erstgenannten und die Möglichkeit zu verschiedener Auffassung und Bearbeitung viel größer. Immerhin aber ist das zu behandelnde Stoffgebiet abgegrenzt und die Richtung unserer Arbeit ungefähr bestimmt. Bei der Stoffsammlung für solche Themen vermag uns die Übersicht „Mensch" gute Dienste zu leisten, die Gliederung ergibt sich durch Zerlegung des Hauptbegriffes.

III. Allgemeine Themen.

Am schwierigsten sind Themen ganz allgemeiner Natur zu behandeln. Solche haben wir in Sprichwörtern und Dichterworten (Sentenzen) vor uns. Der Zweck der Aussprüche ist ein verschiedener, wie die folgenden Beispiele dartun.

„Von der Stirne heiß, rinnen muß der Schweiß, soll das Werk den Meister loben, doch der Segen kommt von oben." Dieser Satz enthält die Wahrheit, daß ein Werk nur gelingen kann, wenn der Mensch seine ganzen Kräfte einsetzt und Gott seinen Segen schickt.

„Der Krug geht so lange zum Brunnen, bis er bricht." In der Feststellung, daß jede unrechte Tat einmal ihren Richter findet, liegt die versteckte Warnung vor unrechten Taten.

„Üb' immer Treu' und Redlichkeit!" Dieser Liederanfang ist eine Mahnung zu ehrlichem Handeln in jeder Situation.

„Gott läßt die Bäume nicht in den Himmel wachsen." Alle diejenigen, die sich unterdrückt oder zur Seite gestellt fühlen, finden in diesem Satz einen Trost.

Die Schwierigkeit der Bearbeitung solcher Themen liegt darin, daß sie auf die verschiedensten Gebiete angewendet werden können und darin, daß ihr Sinn nicht immer der gleiche bleibt. Bei ihnen genügt es nicht, lediglich Feststellungen zu machen. Hier müssen wir mit kritischem Sinn erst prüfen, ob und auf welchem Gebiet der ausgesprochene Satz wahr ist, und dann müssen wir im gesamten Bereich unserer Erfahrung, unseres Wissens und unserer Weltanschauung nach Belegen, Beweisen und Gründen suchen. Manche Sentenzen enthalten mehrere Behauptungen. In diesem Falle müssen sich unsere Untersuchungen auf alle aufgestellten Behauptungen erstrecken.

Die Ratschläge, die P. W. Beßler in dem unten angeführten Buche[1]) für die Behandlung derartiger Themen gibt, weisen uns auf einen guten Weg. Zusammengefaßt lauten sie ungefähr so:

I. Stelle den Sinn des Themas fest! Welchen Zweck verfolgt der Satz?

II. Auf welche Gebiete ist der Satz nicht anwendbar?

III. Auf welchen Gebieten ist der Satz wahr oder unwahr?

1. Bringe Belege bei für die Richtigkeit (oder Unrichtigkeit) des Satzes aus der Geschichte, aus Dichtungen, aus der Bibel, aus der Natur und dem täglichen Leben! *Wer* hat die Wahrheit oder Unwahrheit des Satzes schon an sich erfahren? Wann und bei welchen Gelegenheiten?
2. Zeige durch Beweise, *inwiefern* der Satz wahr (oder unwahr) ist!
   Hier ist das „Was?" und „Wie?" des Satzes betont. (Man denke auch daran, was geschieht, wenn der Satz nicht befolgt wird!)
3. Gib Gründe an, *warum* der Satz wahr (oder unwahr) ist!

Zur Stoffsammlung:

Da die Themen sich fast durchweg mit dem Menschen befassen, kommt für die Stoffsammlung in erster Linie die Übersicht „Mensch" in Betracht. Doch dürfen wir nicht ganz vergessen, auch die Übersicht „Natur" zu Rate zu ziehen.

Nicht alle derartigen Themen lassen sich belegen, beweisen und begründen. Manche lassen sich bloß belegen, andere wieder der Hauptsache nach bloß beweisen oder bloß begründen.

Als Einleitung kommen u. a. in Betracht die Erklärung über den Sinn des Satzes oder die Feststellung der Gebiete, auf die der Satz nicht angewendet werden kann, oder eine sachliche Kritik über die Quelle, aus welcher der Ausspruch stammt.

Im Schlusse bringen wir die Einwände, die sich gegen den Satz geltend machen lassen, oder eine Art praktischer Nutzanwendung oder ähnliche Aussprüche.

---

[1]) „Der Prüfungs-Aufsatz." Anleitung von P. W. Beßler, O. S. B. Verlag L. Auer, Donauwörth. — Das Buch ist sehr empfehlenswert. Es ist aber für *Mittelschüler* der *oberen* Klassen geschrieben und kann nur für weit fortgeschrittene Schüler in Betracht kommen.

Die Polizei und ihr Wirkungskreis.

I. Auffassung des Themas.

„Polizei“: Oberflächlich betrachtet ein staatliches Institut, eine Behörde mit verschiedenen ausführenden Organen. Bei gründlicherem Nachdenken ergibt sich, daß man darunter die Tätigkeit der Staatsregierung versteht, Schäden, Unglück und Rechtsverletzungen abzuwehren.

„Wirkungskreis“: wirken heißt tätig sein; ein Kreis ist eine von einem bestimmten Umfang begrenzte Fläche. Hier: Art und Umfang der polizeilichen Tätigkeit.

„Und“: Würde das Thema bloß heißen „Die Polizei“, so könnten wir das Hauptgewicht unserer Ausführungen legen auf das Wesen und die Organisation der Polizei, die Aufgaben der Polizei aber nebensächlich behandeln. Würde das Thema lauten „Der Wirkungskreis der Polizei“, so würden die Aufgaben der Polizei in den Vordergrund treten und das Wesen und die Organisation nebensächlich sein. Das Wörtlein „und“ befiehlt uns, vom Wesen, von der Organisation und von den Aufgaben zu schreiben. Da jeder nur die Pol.-Organisation seiner Heimat kennt, ist es berechtigt, daß wir uns hier auf die bayer. Polizei einstellen.

Satzform des Themas: Was versteht man unter Polizei? Wer übt die Polizei aus? Auf welchen Gebieten und wie wird die Polizei ausgeübt?

II. Stoffsammlung.

Wir stellen an jeden sich ergebenden Begriff unsere Fragen: Wer? Was? Wo? Wodurch? Warum? Wie? Wann? — Wir betrachten einen Vertreter der Polizei und schließen von seinem Aussehen auf die ihm gestellten Aufgaben? — Wir denken an möglichst viel verschiedene Vertreter der Polizei. Die Unterschiede zwischen denselben werden uns auch auf die Verschiedenheiten ihrer Aufgaben bringen.

Wir erhalten auf diese Weise Stoff genug. Bei der Stoffsammlung über den Wirkungskreis stellen wir unsere Fragen vorteilhaft an Hand der Übersicht Seite 47. Wir schreiben aber zusammengehörige Ergebnisse gleich nebeneinander hin. In nachfolgendem ist das noch nicht geschehen, um die Anwendung der Übersicht zu zeigen. Hier stehen die Antworten auf unsere Fragen in der Reihenfolge, in der sie sich ergeben haben.

Was versteht man unter Polizei? Siehe oben!

Von wem wird sie ausgeübt? a) Behörden: Staatsregierung, Staatsministerium des Innern, Stadtrat, Bezirksamt, Landgemeinde; b) Vollzugsorgane: Polizeidiener, Gendarm, Schutzmann, Landespolizei, Kriminalpolizei. Jetzt: uniformierte Staatspolizei und Bereitschaftspolizei.

Ein Vertreter der Polizei: Gendarm.

Uniform: Kenntlichmachung als Vertreter der Staatsgewalt.

Bewaffnung: um Beachtung der Staatsautorität nötigenfalls mit Gewalt durchsetzen zu können.

Vollmachten: Anordnungsrecht, Recht der Beschlagnahme, der Festnahme usw.

Verschiedene Vertreter: Siehe Vollzugsorgane! Dazu Kriminalbeamter, Grenzpolizist, Kontrollbeamter, Ordnungsleute. Spezielle Aufgaben? Einsatz: einzeln oder in Gruppen bzw. Verbänden.

Wirkungskreis: Wie sorgt die Polizei für ...? Was und wie überwacht, schützt, unterstützt, regelt, unterdrückt ..... die Polizei?

Äußeres: wenig; achtet auf öffentlich getragene Kleidung.

Leben: Sicherheit von Leib und Leben durch Einschreiten gegen Rohlinge.

Schutz vor Gefahren: Verkehrs-, Betriebs-, Bau-, Feuer- und Wasserpolizei. Deren Aufgaben?

Gesundheit: Leichenschau, Kontrolle der Lebensmittel, Maßregeln gegen ansteckende Krankheiten, Überwachung der Ärzte, Apotheker, Hebammen, Maßnahmen gegen Tierseuchen, Hundevisitation.

Geistiges Wesen: Die Polizei verhindert Mißbrauch und Ausbeutung der seelischen Kräfte. Feststellung der Unrechtmäßigkeit gewisser Handlungen (Goldregensystem, Glücksspiele); Presse- und Theaterzensur; Schulzwang, Zwangserziehung; Schund- und Schmutzliteratur, Verhöhnung religiöser Sitten und Gebräuche.

Sittliches Wesen: Einbringung von Säufern und Morphinisten in Heilanstalten; verhindert Unterdrückung Schwacher; weist unbotmäßige Elemente in ihre Schranken zurück, beugt ungerechten und unehrlichen Handlungen vor, sorgt für Arme (Arbeitsunfähige, Kinder, Kranke).

Wirtschaftliches Wesen: schützt das Eigentum gegen Diebstahl, Einbruch, Raub, Zerstörung. Kontrolle von Münze, Maß und Gewicht; Einziehung verdorbener Lebensmittel; Überwachung des Gewerbewesens; Kontrolle aller Fahrzeuge auf Verkehrsfähigkeit, von Geräten und Maschinen auf ihre Verwendungsfähigkeit.

Gesellschaftliches Wesen: Schutz durch Vorbeugen, Überwachen, Einschreiten.

Familie: Wohnungswesen, Ausbeutung von Kindern und Frauen.

Staat: Kampf gegen staatsfeindliche Elemente, politische Umtriebe, Aufruhr, Revolution.

III. Gliederung.

Das Thema ist mehrteilig. Damit ergeben sich die Hauptpunkte der Gliederung und ihre Anordnung von selbst. Schwierigkeiten macht nur die Anordnung des vielen Stoffes beim Wirkungskreis. Denselben in der Reihenfolge der Stoffsammlung, damit also der Übersicht, zu bringen, ergäbe einen reichlichen Durcheinander. Der Einteilung die verschiedenen Arten der polizeilichen Organe zugrunde zu legen, hätte viele Wiederholungen zur Folge, weil die Tätigkeit des Gendarmen, des Schutzmannes und anderer Polizeibeamter auf vielen Gebieten die gleiche ist. Wir nehmen deshalb die Gliederung vor nach den verschiedenen Arten der polizeilichen Tätigkeiten.

Als Einleitung bzw. als Schluß könnten wir verwenden: „Das Gesetz ist der Freund des Schwachen" (Schiller) oder: Ähnliche Einrichtungen des Staates (Feuerwehr, Rettungsdienst) oder: Einstellung des Staatsbürgers zur Polizei oder: Schwierigkeiten des polizeilichen Dienstes oder: Notwendigkeit der Polizei. (Im übrigen könnten Einleitung und Schluß bei diesem Thema ganz gut wegfallen.)

Wir geben nachfolgend nur die Gliederung; die Ausführung bietet keine besonderen Schwierigkeiten, da dem sachlichen Thema eine einfache Ausdrucksweise völlig gerecht wird.

Die Polizei und ihr Wirkungskreis.

Einleitung: Oft zu beachtende feindselige Einstellung des Publikums gegen Polizeiorgane. Tieferer Grund: Falsche Ansichten über die Polizei.

Durchführung:

A. Organisation der Polizei:
- a) Behörden,
- b) Ausführende Organe
  - α) Arten,
  - β) wesentliche Unterscheidungsmerkmale.

B. Wirkungskreis:
1. Wohlfahrtspolizei:
   - a) Gesundheitspolizei (Mensch — Tier),
   - b) Fürsorgepolizei;
2. Sicherheitspolizei: Gewährleistung von Ruhe, Ordnung und Sicherheit i. e. Sinne
   - a) Schutz vor Gefahren für Leben und Eigentum,
   - b) Schutz vor Gefahren für die geistige und sittliche Entwicklung der Staatsbürger.
3. Politische Polizei:
   - a) Vorbeugung gegen die Störung der Staatsordnung,
   - b) Bekämpfung staatsfeindlicher Umtriebe.

Schluß: Notwendigkeit der Polizei.

Not bricht Eisen.

Auffassung des Themas.

Not: Zwangslage des Leibes oder der Seele.

Eisen: Mineral von bedeutender, oft noch dazu künstlich gesteigerter Härte.

Brechen: mit Kraftanwendung auseinanderreißen.

Sinn des Satzes: Der Gefangene durchbricht die Eisenstäbe seines Kerkers. Im übertragenen Sinn: In Zwangslagen bringt jedes Lebewesen überraschend große Kräfte auf, mit denen es die schwierigsten Hindernisse zu überwinden vermag. (Einleitung!)

Begrenzung: nur Lebewesen; Tiere, Pflanzen, Mensch.

Einwände: Wenn Hindernisse übermächtig, dann Verzweiflung. Folge: „Not kennt kein Gebot." (Schluß!)

Stoffsammlung:

Mit einer Begründung des Satzes würden wir nicht weit kommen. Wir lassen sie deshalb ganz weg und befassen uns zum Beleg und zum Beweis mit der ausführlichen Beantwortung der Fragen:

Wer hat schon in der Not Hindernisse überwunden?
Welche Kräfte ruft die Not wach?
Wie wurden die Hindernisse überwunden?

Ergebnisse (etwas gekürzt wiedergegeben).

Natur: (Siehe Übersicht!).

Tierwelt: gereizte Hornisse, Gluckhenne und Raubvogel, Fuchs, Katze und Hund; Grund: Hunger, Freiheitsberaubung, Abwehr.

Pflanzenwelt: Lichthunger; enge Anpflanzung der Fichten, Zimmerlinde, Wettertanne.

Mensch (Fragen an Hand der Übersicht).

Körper: Damon, der tapfere Schwabe, Friedrich der Große. — Bergsteiger, Schiffbrüchiger; Ostpreußen gegen Russen; eingeschlossene Truppenteile.

Seele: Sieg des Geistes im Kampf des Menschen gegen die Elemente; verschiedene Erfinder; Radio, bayer. Landesbühne im Kampf gegen geistige Vereinsamung der Provinzbewohner.

Gewissensnot: Luther, Kulturkampf, Kampf um das Reichsschulgesetz.

Willensnot: Damon; gute Charaktereigenschaften durch Not: Mäßigkeit, Sparsamkeit, Tatkraft, Entschlossenheit, Beharrlichkeit. Einschränkung: Verbrechen, Aufruhr (Schluß!).

Religiöse Not: Not lehrt beten.

Wirtschaftliche Hindernisse: Gewinnung des Stickstoffes aus der Luft. Organisationen: Konsumvereine, Baugenossenschaften, Landwirtschaft im Riesengebirge, Ruhrkampf. Existenzkampf des einzelnen.

Gesellschaftliche Notstände: Familie: Vater krank, Kinder helfen zusammen; Stand: Ringen der Arbeiter um Anerkennung seit 1870; Staat: Schweizer Kantone gegen Habsburger; Befreiungskriege; Türkei gegen Entente.

Bemerkung: Wir brauchen nicht allen gefundenen Stoff verwenden. Da wir besonders bei Prüfungsaufgaben mit der Zeit rechnen müssen, nehmen wir nur das Wichtigste. Siehe Disposition!

Gliederung:

Einteilungsgrund? Zunächst einmal: Natur und Mensch. Im zweiten Teil: Not des Leibes und der Seele oder Überwindung der Hindernisse für den Leib, für die Seele oder der einzelne und eine Gesamtheit von Menschen.

Wir nehmen im zweiten Teil den ersten und den letzten Einteilungsgrund zusammen und betrachten die heilsamen Folgen der Not des Leibes bzw. der Seele für den einzelnen und für eine Gesamtheit von Menschen.

Die Einteilung auf Grund der Übersicht vorzunehmen, käme höchstens für ganz Ungeübte in Betracht. Es ist dies aber nicht besonders praktisch, weil sich dabei viele Wiederholungen ergeben.

Einleitung: Erklärung über den Sinn des Sprichwortes.

Hauptteil:

A. Im Reich der Natur beweisen uns verschiedene Tiere und Pflanzen die Wahrheit des Sprichwortes.

Gluckhenne, Fuchs, Hornisse. — Zimmerlinde, Wettertanne, Fichtenanpflanzung.

B. In Nöten des Leibes und der Seele vollbringt der Mensch erstaunliche Taten.

Der tapfere Schwabe. Friedrich der Große. Einzelne Menschen im Kampf um Leben und Existenz.

Kampf der Ostpreußen gegen die russische Übermacht 1914. Deutschlands wirtschaftliche Leistungen im Weltkrieg.

C. In seelischer Not bezwingt der Mensch die größten Hindernisse.

Damon, Luther, Katholiken im Kulturkampf. — Kampf des Menschen gegen die Abhängigkeit von der Natur.

Befreiung aus Knechtschaft und Unterdrückung: Schweizer Kantone, Befreiungskrieg 1813, Türkei in den Jahren nach dem Weltkrieg.

Schluß: Folgen übergroßer Not. — Trost.

Ausführung.

Beim Lesen des Sprichwortes „Not bricht Eisen" denkt wohl jeder zunächst daran, daß Gefangene bei den Versuchen, ihre Freiheit wiederzuerlangen, oft erstaunliche Kräfte entwickeln. Eine weit umfangreichere Bedeutung erhält diese volkstümliche Redensart, wenn wir sie im übertragenen Sinne auffassen. Sehen wir als Not jede körperliche oder seelische Zwangslage an und verstehen wir unter dem Widerstand bietenden Eisen Hindernisse der verschiedensten Art, so finden wir in obigem Ausspruch des Volksmundes die Erfahrung festgelegt, daß jedes Lebewesen in drückenden Verhältnissen riesige Kräfte aufbringt, mit denen es die größten Schwierigkeiten zu meistern vermag [1]).

Bevor wir an den Menschen denken, wollen wir feststellen, ob das Sprichwort auch auf Tiere und Pflanzen anwendbar ist. Die Gluckhenne, die ihre Küchlein verteidigt, wehrt nicht selten erfolgreich die stärksten Raubvögel ab. Wenn der Fuchs seinen Hunger im Hühnerstall stillen will, kommt er manchmal auf die überraschendsten Listen. Die gereizte Hornisse vermag sogar einen Menschen in die Flucht zu schlagen. Weniger auffällig, für den Eingeweihten jedoch deutlich erkennbar, ist die Überwindung von Notständen im Pflanzenreiche. Stellen wir eine Zimmerlinde vom Fenster weg, so dreht sie in kurzer Zeit alle Blätter dem Lichte zu. Die Wettertanne im Gebirge zwängt ihre Saugwurzeln in die feinsten Spalten der Felsen, um dem Nahrungsmangel zu steuern. Werden die jungen Fichten in der Schonung eng gesetzt, so suchen sie durch rasches Höhenwachstum ihrem Hunger nach Licht und Luft abzuhelfen [2]).

In viel größerem Umfange als für die Lebewesen im Reiche der Natur hat unser Sprichwort für den Menschen Geltung. Derselbe vollbringt in Nöten des Leibes und der Seele oft erstaunliche Taten. Wer bewunderte nicht als Kind den tapferen Schwaben in dem bekannten Uhlandschen Gedicht, der im Kampf gegen eine große Übermacht einen Türken mit einem Schwertstreich von oben bis unten spaltete? Wie gern hörten wir in der Geschichtsstunde von Friedrich dem Großen, der besonders im Siebenjährigen Krieg des öfteren in die größte Bedrängnis geraten war! Aber gerade diese spornte ihn an zu riesigen Leistungen, die ihm schließlich den Sieg über seine zahlreichen Feinde eintrugen.

---

[1]) In der Einleitung geben wir nach dem tatsächlichen den übertragenen Sinn des Sprichwortes an. Wir erläutern kurz die beiden Hauptbegriffe „Not" und „Eisen" und umschreiben dann das Thema in einem längeren erklärenden Satz. Da der Ausdruck „Sprichwort" öfters vorkommt, ergibt sich die Notwendigkeit, sinnverwandte Ausdrücke für ihn zu suchen. Solche sind: volkstümliche Redensart, Ausspruch des Volksmundes, Denkspruch.

[2]) „Bevor . . ." Mit dem ersten Teil des Satzes ist schon ausgedrückt, daß wir uns hauptsächlich mit der Bedeutung des Sprichwortes für den Menschen befassen wollen. Wir bringen für das Tier- und Pflanzenreich je drei Beispiele. Wir fangen aber nicht jeden Satz mit dem Satzgegenstand an, weil dies eintönig wirken würde.

Merke! Um Abwechslung zu erzielen, beginnt man hin und wieder einen Satz mit einem Nebensatzteil bezw. mit einem Nebensatz.

Die Zeitungen bringen uns Tag für Tag Beispiele dafür, daß die Not überraschend große Kräfte wachruft. Der Hochtourist bezwingt, wenn er sich verstiegen hat, die schwierigsten Überhänge und Quergänge. Der Schiffbrüchige hält tagelang auf einer Planke aus, bis Rettung naht. Wer vom Feuer den Weg ins Freie versperrt findet, wagt den Sprung aus dem höchsten Stockwerk des Hauses. Wenig aber vermelden die Zeitungen von dem stillen Kampf, den viele Menschen um das tägliche Brot führen. Gezwungen von Mangel und Entbehrungen schaffen Tausende vom frühen Morgen bis tief in die Nacht und nur durch Einsatz ihrer ganzen Kräfte und Ausdauer gelingt es ihnen, sich und die Ihrigen mit dem Notwendigsten zu versorgen [1]).

Auch Stämme und Völker können in die Zwangslage kommen, um ihre Existenz kämpfen zu müssen. Die Not, in welche Land und Bevölkerung zu fallen drohten, setzte den ostpreußischen Landsturm 1914 in Stand, sich wochenlang gegen eine sechsfache russische Übermacht behaupten zu können. Welche großartigen Leistungen vollbrachte Deutschland während des Weltkrieges auf wirtschaftlichem Gebiete! Genaueste Einteilung und stärkste Ausnützung aller Rohmaterialien, verbunden mit größter Sparsamkeit im Verbrauch der Nahrungsmittel, ermöglichten es dem deutschen Volke, fünf Jahre lang der feindlichen Blockade zu trotzen. Als der Mangel an Düngemitteln auch die Versorgung mit Brotgetreide lahmzulegen drohte, fanden deutsche Gelehrte und Techniker einen Weg, den so notwendigen Stickstoff aus der Luft zu gewinnen [2]).

Nicht nur in Zwangslagen des Körpers, sondern auch in denen der Seele bezwingt der Mensch die größten Hindernisse. Friedrich von Schiller veranschaulicht uns in seiner Ballade „Die Bürgschaft" die Richtigkeit dieser Behauptung. Die Not der Verzweiflung läßt Damon alle äußeren und inneren Hemmnisse überwinden, die ihm entgegentreten. Auch in der Geschichte der Reformation und des Kulturkampfes erkennen wir die Bedrängnis als treibende Kraft. Die große Not seines Gewissens, verursacht durch den Widerspruch zwischen den Aufzeichnungen der Bibel und deren praktischen Aus-

---

[1]) Nach einem Überleitungssatz stellen wir im 3. Abschnitt eine Behauptung auf (vollbringt ...). Diese beweisen wir durch Beispiele aus der Literatur, aus der Geschichte, aus dem täglichen Leben (Sport, Verkehr, Existenzkampf). Frage- und Ausrufesätze wechseln mit kurzen und langen Erzählsätzen ab.

[2]) Zum Beweise dafür, daß das Sprichwort auch für eine Gesamtheit von Menschen gilt, bringen wir zwei Beispiele aus der deutschen Kriegs- und Wirtschaftsgeschichte der jüngsten Zeit.

Damit wir nicht in jedem Satz das Wort „Not" gebrauchen, suchen wir wieder sinnverwandte Ausdrücke, z. B. Hemmnisse, Schwierigkeiten, Bedrängnis, Drangsal, Zwangslage, Notlage, widrige Umstände, drückende Verhältnisse. Diese fallen uns nicht alle auf einmal ein. Wir notieren aber jeden zwischendurch gefundenen Ausdruck, auch wenn wir ihn gerade nicht verwenden können. Es paßt nämlich nicht jeder Ausdruck an jede Stelle. Wir müssen immer prüfen, ob das gewählte Wort an der betreffenden Stelle auch das ganz ausdrückt, was wir sagen wollen. Bei der Entscheidung hilft uns oft das Sprachgefühl (Satz laut vorlesen!).

legung durch den damaligen Klerus, befähigte Luther zum Aushalten im Kampf gegen den Papst. Die Katholiken des neuen deutschen Kaiserreiches schöpften ihre Kraft im Streit gegen Bismarck aus dem seelischen Zwiespalt, in den sie durch den Gegensatz zwischen den staatlichen Ansprüchen und den Anschauungen ihrer Kirche gerieten.

Nicht minder kräftig zeigt sich der Einfluß der Not auf geistigem Gebiet. Zu allen Zeiten war sich der Mensch der Unzulänglichkeit seiner Fähigkeiten gegenüber den feindlichen Gewalten der Elemente bewußt. Deshalb ersann er ein Mittel und Werkzeug nach dem andern, mit deren Hilfe er sich zum Herrn und Gebieter der Natur emporschwang. Im einzelnen beweist uns die Lebensgeschichte vieler großer Männer zur Genüge, daß widrige äußere Umstände zu umfassendem und angestrengtem Gebrauch der Geistesgaben erziehen [1].

Bei vielen Menschen wirkt die Not auch auf den Charakter günstig ein. Wenn ein Mensch feste sittliche Grundsätze besitzt, bringen ihn drückende Verhältnisse nicht auf Abwege. Im Gegenteil, sie gewöhnen ihn an Mäßigkeit, Genügsamkeit und Sparsamkeit und verleihen ihm Tatkraft und Beharrlichkeit, womit sie ihm die Quellen des Erfolges erschließen. Ja, sie können ihn sogar wieder dem in guten Tagen vergessenen Herrgott zuführen; denn „Not lehrt beten".

Zum Schlusse wollen wir noch prüfen, ob sich unser Sprichwort auch im politischen Leben der Völker bewahrheitet. Die Geschichte lehrt uns, daß Knechtschaft und Unterdrückung noch mehr als wirtschaftliche Not die Völker dazu drängen, das Äußerste für ihre Befreiung zu wagen. Zäh und tapfer wehrten sich die Schweizer Kantone gegen die Machtgelüste der Habsburger. Durch das Aufgebot ihrer ganzen Kräfte gelang es den Deutschen in den Befreiungskreigen, die Gewaltherrschaft Napoleons zu brechen. Im letzten Jahrzehnt zeigte uns der Kampf der Türkei gegen die Entente, daß selbst ein durch viele Kriege völlig geschwächtes und verarmtes Volk seine nationale Selbständigkeit wiederzugewinnen vermag, wenn äußerste Bedrängnis die schlummernden Kräfte wachruft [2]).

Mit Vorstehendem dürfte zur Genüge bewiesen sein, daß die Not alle Lebewesen, besonders aber den Menschen, zu Höchstleistungen befähigt. Verschafft uns diese Erkenntnis einerseits Trost in schwierigen Lebenslagen, so mahnt sie uns andererseits, allem vor-

[1]) Der Überleitungssatz im 6. Abschnitt führt uns wieder zum Thema zurück und bewahrt uns so vor einer Abschweifung, einem häufig vorkommenden Fehler. Die Beispiele nehmen wir aus der Literatur, aus der Geschichte, aus dem Kampf des Menschen gegen die Natur und gegen sich selbst.

[2]) Der Überleitungssatz im 9. Abschnitt sagt uns schon, daß wir am Ende unserer Ausführungen angelangt sind. Beispiele liefert uns die Geschichte. Man muß im übrigen Beispiele aus möglichst verschiedenen Gebieten bringen. Es wäre falsch, Beispiele nur der Literatur oder nur der Geschichte oder nur dem täglichen Leben zu entnehmen.

zubeugen, was Menschen zur Verzweiflung bringen kann. Übermächtige Drangsal treibt den einzelnen dem Laster und Verbrechen, das ganze Volk der Revolution und damit oft der Selbstvernichtung in die Arme. „Not kennt kein Gebot." Stehe darum jeder seinem Nächsten bei, wo immer es notwendig ist! Geraten wir aber selbst in drückende Verhältnisse, so brauchen wir die Hoffnung auf eine Besserung unserer Lage niemals aufzugeben; denn

„Wo die Not am größten,
ist Gottes Hilfe am nächsten[1])."

---

[1]) Das Sprichwort „Not kennt kein Gebot" schränkt die Bedeutung unseres Themas ein. Wir knüpfen hieran die Schlußfolgerung, daß wir der Not des Nächsten steuern müssen, bevor sie den höchsten Grad erreicht. Uns selbst aber dient ein drittes Sprichwort zum Trost, mit dem wir den letzten Abschnitt wirkungsvoll abschließen.

Zur Übung!

Prüfe, ob und wie in diesem Aufsatz die bei der Besprechung des Themas „Das Eisen und seine Bedeutung" aufgestellten Merksätze beachtet worden sind!

Suche die Tätigkeitswörter heraus (Satzaussagen) und suche sie durch passende andere zu ersetzen!

Versuche, erst einzelne Abschnitte, dann den ganzen Aufsatz an Hand der Gliederung nachzuschreiben und zwar nach Möglichkeit mit eigenen Worten!

Freie Gestaltung eines Themas.

Bei der Stoffsammlung an Hand der Übersichten ist uns der Gang derselben vorgeschrieben. Im Gegensatz zu dieser — freiwillig anerkannten — Bindung nennen wir die nachfolgende Art der Stoffsammlung die „freie". Bei dieser bearbeiten wir jeden wichtigen Begriff des Themas auf folgende Weise:

1. Wir stellen den Inhalt des Begriffes fest durch Zerteilung. Wir fragen uns, aus welchen Teilen der Begriff besteht, welche wesentlichen Merkmale er besitzt.
2. Wir bestimmen den Umfang des Begriffes durch Einteilung. Wir fragen uns, welche Arten es von dem betreffenden Begriff gibt.

Probieren wir dies einmal an dem Begriff „Baum".

1. Zerteilung: Woraus besteht der Baum? Aus Wurzeln, Stamm und Krone. Anders läßt sich der Begriff nicht zerlegen. Man kann jeden Begriff nur einmal zerteilen.
2. Einteilung: Welche Arten von Bäumen gibt es?

Es gibt Nadel- und Laubbäume, es gibt Zier- und Nutzbäume, es gibt inländische und ausländische Bäume. Wir haben hier drei Einteilungen. Ein Begriff läßt sich auf verschiedene Weise einteilen.

Genügt uns diese Zerpflückung des Begriffes noch nicht, so können wir jeden Unterbegriff zerteilen und einteilen. Wir fragen dann weiter: Woraus bestehen die Wurzeln? Welche Arten von Wurzeln gibt es? Woraus besteht der Stamm? Welche Arten von Stämmen gibt es? usw.

Wir würden aber einen Umweg beschreiten, wenn wir jeden Begriff des Themas ohne Rücksicht auf unsere Aufgabe einfach zerteilen und einteilen wollten. Um möglichst schnell zum Ziel zu kommen, müssen wir jeden Begriff im Hinblick auf die anderen Begriffe des Themas zerteilen und einteilen. Rein mechanisch aber läßt sich dies nicht machen. Das eine Mal liefert uns die Zerteilung, das andere Mal die Einteilung mehr Stoff, in manchen Fällen müssen wir beide anwenden.

Beispiele:

Gute Bücher sind unsere Freunde.

Die guten Bücher werden eingeteilt in belehrende, erbauende und unterhaltende. Der Begriff „Freund" wird zerteilt: Der Freund hilft, regt an, mahnt, belehrt, schützt vor Abwegen und tröstet uns im Unglück.

Wie verhält man sich bei Unglücksfällen?

Einteilung der Unglücksfälle: Verkehrsunfall, Brandunglück, Betriebsunfall, Unfall beim Sport. — Ertrinken, Erfrieren, Vergiftung, Knochenbrüche. Zerteilung von „verhalten": verbinden, unterbinden, einreiben, Umschläge machen, massieren usw.

Die Segnungen des Friedens.

Einteilung der Segnungen: Vorteile in bezug auf das körperliche Wohl, auf den Geist und auf die Sittlichkeit.

Das menschliche Leben gleicht einer Seefahrt.

Zerteilung von Seefahrt: Das Schiff im Hafen, Ausfahrt, verborgene Klippen, Stürme, Heimkehr. (Mensch: Jugend, Eintritt ins Leben, schlechte Charakteranlagen, Kämpfe, Alter.)

Ausführliches Beispiel:

Die Presse, eine Macht.

Entwurf.

Auffassung des Themas:

Presse: Oftmals und zwar in gewissen Zeitabschnitten regelmäßig erscheinende Druckschriften.

Macht: Übt einen bestimmenden Einfluß auf eine große Anzahl von Menschen aus.

Satzform des Themas: Inwiefern üben regelmäßig erscheinende Druckschriften einen bestimmenden Einfluß auf viele Menschen aus?

Ausführliche Stoffsammlung:

1. Was versteht man unter Presse? Siehe oben!

Welche Arten solcher Druckschriften gibt es? (Einteilung.)

Der Zeit nach: Tageszeitungen, Wochen- und Monatsschriften. Dem Inhalt nach: politische, belehrende und unterhaltende Zeitschriften. Da die Tageszeitungen erfahrungsgemäß die größte Macht darstellen, befassen wir uns vorzugsweise mit diesen. Der Einfluß der übrigen Zeitschriften ist demjenigen der Tageszeitungen dem Wesen nach gleich, dem Umfang nach meist erheblich kleiner.

2. Auf welchen Gebieten übt die Zeitung einen Einfluß aus? Um dies herauszubekommen, nehmen wir eine Zerteilung vor. Wir betrachten eine Zeitung genau und stellen fest, aus welchen Teilen sie besteht.

Ein politischer Teil unterrichtet uns über die Stellung der Zeitung zu den Vorgängen im öffentlichen Leben. Ein Nachrichtenteil bringt Ereignisse aus nah und fern, ein Handelsteil solche aus dem Wirtschaftsleben. Der Unterhaltungsteil macht uns mit den Neuerscheinungen auf dem Gebiete der Kunst, Wissenschaft und Technik bekannt und schafft uns durch leichte Lektüre Erholung und Zerstreuung. Ein Sportteil dient den Zwecken der körperlichen Erziehung, eine Abteilung mit Familien- und Standesnachrichten spricht von den persönlichen Verhältnissen unserer Mitmenschen. Der

Handelsteil ist ein getreues Bild des Angebotes und der Nachfrage auf dem Wirtschaftsmarkt.

Die Zeitung beschäftigt sich also mit der Politik, mit dem Wirtschaftsleben, mit Religion, Wissenschaft und Kunst, mit der Familien- und Standesbewegung und mit der körperlichen Ausbildung. Sie berührt damit sämtliche Gebiete des menschlichen Lebens. Diese Vielseitigkeit der Zeitung ist schon ein Grundpfeiler ihrer Macht.

3. Wodurch übt die Zeitung einen bestimmenden Einfluß aus? In zwei Merkmalen steckt die Antwort auf diese Frage: in der Darstellungsweise und in der Erscheinungsweise.

a) Man kann jedes Ereignis von verschiedenem Standpunkt aus betrachten. Man kann rein sachlich über das Wesentliche berichten. Wenn man aber einen bestimmten Zweck mit der Darstellung verfolgt, wird man diejenigen Punkte des Vorfalles, vor allem seine Ursachen und Wirkungen, betonen und in entsprechendem Lichte erscheinen lassen, die den gewünschten Eindruck hervorrufen können. Die Mehrzahl der Zeitungen stellt die Ereignisse nicht rein sachlich dar, sondern so, daß der Leser die von der Redaktion gewünschten Ansichten über die Dinge erhält.

Zwischenfrage: Welche Personen haben ein Interesse an der Zeitung? Der Verleger, der Redakteur, der Drucker und der Leser. Der Verleger bestimmt die Färbung der Zeitung, der Redakteur gibt ihr den Anstrich, der Drucker erledigt den technischen Teil und der Leser — läßt sich hypnotisieren.

Der größte Teil des Leserkreises ist leicht beeinflußbar. Viele Menschen sind zu bequem oder gar unfähig, sich ein eigenes Urteil zu bilden. Sie sind froh, daß die Zeitung alles so schön mundgerecht bringt, nehmen die gefärbte Darstellung der Zeitung ohne Kritik hin und richten schließlich ihre eigene Meinung völlig nach derjenigen der gelesenen Zeitung ein.

b) Die Zeitung erscheint oft und regelmäßig. Der Leser eines Buches ist leicht geneigt, das Gelesene wieder zu vergessen. Durch das oftmalige und regelmäßige Erscheinen der Zeitung aber können die Gedanken des Lesers immer wieder von neuem in die gewünschte Richtung gedrängt werden.

4. Warum übt die Zeitung einen bestimmenden Einfluß auf so viele Menschen aus?

Eine Eigenschaft der Zeitung ist der Grund hiefür; die große Verbreitung.

Warum ist die Zeitung so verbreitet?

Eine gut ausgebaute Versandorganisation bringt sie an alle Orte. Der billige Preis macht sie jeder Bevölkerungsschicht zugänglich.

5. Zusammenfassung:

Die Presse verfügt über eine große Anhängerschaft. Weil diese die von der Presse absichtlich und unabsichtlich erzeugte Meinung auf allen Gebieten des menschlichen Lebens als ihre eigene Meinung anerkennt und vertritt, ist die Presse eine Macht.

6. Vorschläge für Einleitung und Schluß:

Einleitung: Die Bedeutung des gesprochenen Wortes. Bedeutung der Buchdruckerkunst im allgemeinen. Erfindung und Entwicklung des Buchdruckes. Geschichtliches über die Presse. Der Werdegang einer Zeitung. Verhältnis zwischen Buch und Zeitung.

Schluß: Verantwortung der Presse auf Grund ihrer Macht. Gefahren der Presse. Wünschenswerte Einstellung des Lesers zur Presse. Verhältnis des Staates zur Presse.

Die Gliederung kann sich in bezug auf die Reihenfolge der Punkte ungefähr an den Entwurf halten.

Die äußere Form der Schriftstücke.

Alle Schriftstücke müssen äußerlich einen gefälligen Eindruck machen. Dieser ist abhängig von allgemeiner Sauberkeit, von der Schrift, vom Papier und von der Raumverteilung.

Die ganze Reinschrift muß sauber gehalten sein. Flecken irgendwelcher Art sind zu vermeiden. Hat man sich verschrieben, so radiert man das Falsche ordentlich aus. Ist dies nicht möglich, so patzt man nicht das Richtige auf das Falsche hinauf, sondern streicht das Falsche mit einem wagrechten Strich sauber durch und schreibt das Richtige daneben oder darüber. Besonders wichtige Schriftstücke dürfen keine Radierungen oder Durchstreichungen enthalten.

Die Schrift muß deutlich, d. h. gut leserlich sein. An der einmal gewählten Schriftart (deutsch — lateinisch) ist durchwegs festzuhalten. Orts- und Familiennamen sind lateinisch zu schreiben.

Für Reinschriften ist nur weißes Papier zu verwenden, das so gut geleimt ist, daß die Tinte darauf nicht ausfließt. Werden Bogen zerteilt, so sind die Ränder sauber zuzuschneiden.

Alles Geschriebene muß übersichtlich sein. Das wird durch eine gute Raumverteilung erreicht. Hat das verwendete Papier Kanzleiformat, so wird die erste Seite halbbrüchig beschrieben. Von der zweiten Seite ab lassen wir links ca. $1/3$ der Seite als Rand. Jeder neue Abschnitt ist auf einer neuen Zeile zu beginnen.

Auch Nebensächlichkeiten sind mit Aufmerksamkeit zu behandeln. Es macht einen schlechten Eindruck, wenn am „Kopf" des Schriftstückes Satzzeichen weggelassen oder an die falsche Stelle gesetzt werden. Gemeinverständliche Abkürzungen dürfen angewendet werden, aber nur in den amtlich vorgeschriebenen Formen.

Wie verbessere ich meinen Stil?

Durch eingehendes Studium guter Muster und fleißige Übung im Anfertigen schriftlicher Aufgaben werden wir bald befriedigende Gewandtheit im Ausdruck erlangen.

Fachzeitschriften, berufswissenschaftliche Bücher und anerkannt gute Unterhaltungslektüre, die uns in den überall bestehenden Bibliotheken meist kostenlos zur Verfügung stehen, bieten gute Muster in reicher Fülle. Das „Fressen" der Bücher aber hat keinen Wert. Wollen wir gewinnbringend lesen, so dürfen wir nicht zum zweiten Satz gehen, so lange wir den ersten nicht völlig verstanden haben. Am Schlusse eines Artikels oder eines größeren Abschnittes versuchen wir festzustellen, welche Gliederung dem Gelesenen zugrunde liegt. Der sprachlichen Form schenken wir nicht weniger Aufmerksamkeit als dem Inhalt. Wir untersuchen jeden Abschnitt in bezug auf treffende Ausdrücke, überraschende Redewendungen und eigenartigen Satzbau. Stofflich und sprachlich besonders gute Stellen tragen wir als „Lesefrüchte" in ein Merkheft ein, aus dem wir dann für eigene Arbeiten Belege schöpfen können. Haben wir einige Bücher auf solche Art und Weise durchgearbeitet, so werden wir zu unserer Freude feststellen können, daß unser Vorrat an Gedanken und unser Wortschatz eine wesentliche Bereicherung erfahren haben.

Ebenso wichtig wie richtiges Lesen ist fleißige Übung im Anfertigen schriftlicher Aufgaben. Jede Postkarte, jeden Brief, jede dienstliche Arbeit fassen wir in möglichst gutem Deutsch ab. Darüber hinaus schreiben wir gelesene Artikel aus dem Gedächtnis nieder, bilden ähnliche Themen frei nach und fertigen schließlich eigene Entwürfe über selbstgewählte Stoffe an. Gute Bekannte, die außer unserem Vertrauen auch die Fähigkeit besitzen, einen guten Stil zu schreiben, werden gerne bereit sein, uns auf etwaige Fehler in unseren Arbeiten aufmerksam zu machen. Von anfänglichen Mißerfolgen lassen wir uns nicht entmutigen; denn nur

„Übung macht den Meister."

Einiges aus der Stillehre.

I. Allgemeines.

Die Ausdrucksweise muß einfach, kurz, klar, bestimmt, sachlich und sprachrichtig sein.

a) Einfach: Vermeide hochtrabende Redensarten, schwülstige Sätze und übertrieben phantasievolle oder bilderreiche Sprache!

b) Kurz: Mache nicht mehr Worte, als nötig sind!

c) Klar: Durchdenke das Niederzuschreibende vor der Festlegung aufs genaueste! Wer mit einem Stoff nicht völlig vertraut ist, kann sich nur unklar und verschwommen über denselben ausdrücken.

d) Bestimmt: Lege deine Ansicht so eindeutig fest, daß kein Zweifel mehr über dieselbe aufkommen kann!

e) Sachlich: Laß dich in der Wahl der Worte nicht von deiner persönlichen Einstellung zum Stoff leiten, sondern passe den Ausdruck der gestellten Aufgabe an!

f) Sprachrichtig: Vermeide Verstöße gegen die Satz-, Sprach- und Wortlehre!

Wer gut spricht, wird ohne weiteres auch einen guten Stil schreiben. Viele Verstöße, besonders gegen die Sprachrichtigkeit, wurzeln in einem zu ausgedehnten Gebrauch der Mundart. Bemühe dich deshalb, bei jeder Gelegenheit möglichst nach der Schrift und in ganzen Sätzen zu sprechen!

II. Stilregeln.

1. Gebrauche für jeden Begriff das richtige Wort!

Nicht:	Sondern:
Seine Gesundheit machte gute Fortschritte.	Seine Gesundung machte gute Fortschritte.
Er wurde dem Richter überführt.	Er wurde dem Richter zugeführt.
Die Einführung von Lebensmitteln ist erlaubt.	Die Einfuhr von Lebensmitteln ist erlaubt.
Er ging scheinbar auf meine Vorschläge ein.	Er ging anscheinend auf meine Vorschläge ein.
Man sah selten gute Leistungen.	Man sah außerordentlich gute Leistungen.

2. Verwende nach Möglichkeit Tätigkeitswörter an Stelle der Hauptwörter!

Es macht den Stil farblos, unpersönlich und umständlich, wenn die Tätigkeitswörter durch Hauptwörter umschrieben werden.

Nicht:	Sondern:
eine Frage stellen	fragen
in Erfahrung bringen	erfahren
Untersuchungen anstellen	untersuchen
zur Anzeige bringen	anzeigen
zur Verrechnung bringen	verrechnen
Mitteilung machen	mitteilen
ein Ende machen	beenden usw.

3. Die Tatform ist immer besser als die Leideform.

Nicht:	Sondern:
Sie werden hiermit ersucht.	Wir ersuchen Sie.
Es wird Ihnen anheim gestellt.	Wir stellen Ihnen anheim.
Um Benachrichtigung wird gebeten.	Wir bitten um Nachricht.
Von seiten der Vorstandschaft wurde angeordnet.	Die Vorstandschaft ordnete an.

4. Bildhafte Ausdrücke sind immer auf ihre Zweckmäßigkeit und Richtigkeit zu prüfen!

Abgebrauchte Bilder wirken geschmacklos, z. B. „im Brustton der Überzeugung, der geharnischte Protest, der rote Faden, der Zahn der Zeit". Eine Vermengung solcher Bilder gibt unsinnige Sätze: „Bei seinem Handeln glich er dem bekannten Elefanten im Porzellanladen, welcher schon manche Träne getrocknet hat. Deutschlands Ansehen stand damals in einem schlechten Geruch."

5. Überflüssige Wörter und Sätze sind wegzulassen.

Nicht:	Sondern:
a) Nach gegenseitiger Uebereinkunft	nach Uebereinkunft
die gehabte Aussprache	die Aussprache
die erfolgte Vernehmung	die Vernehmung
die vollzogene Unterschrift	die Unterschrift
b) Der alte Greis	der Greis
der weiße Schimmel	der Schimmel
die sofortige Barzahlung	die Barzahlung
c) Er kam nur bloß ganz allein an.	Er kam allein an.
Er ist schon bereits abgereist.	Er ist schon abgereist.
Er ist gezwungen, schreiben zu müssen.	Er ist gezwungen, zu schreiben.
d) Durch seine Politik, die er verfolgte, . . .	Durch seine Politik . . .
Ihre Voreltern, von denen sie abstammte, . . .	Ihre Voreltern . . .
Unser Ziel, welches wir anstrebten, . . .	Das Ziel, welches wir anstrebten, . . .

6. Vermeide den Gebrauch von Modewörtern!

Erstklassig, blendend, kolossal (oder gar kolossivial!!), hervorragend, naturgemäß (= begreiflicherweise), tip top, voll und ganz usw. sind häufig gebrauchte, aber zwecklose und unschöne Modewörter.

7. Weg mit den Fremdwörtern!

Für den größten Teil der Fremdwörter gibt es gute deutsche Ausdrücke. Empfohlen seien an dieser Stelle die Verdeutschungsbücher des „Allgemeinen deutschen Sprachvereins". Diese sollten in jeder Schreibstube zu finden sein.

Trottoir	Gehbahn, Bürgersteig
Adresse	Anschrift
recherchieren	nachforschen
Patrouille	Streife
kontrollieren	prüfen, beaufsichtigen
Konfession	Bekenntnis
Uniform	Dienstkleidung usw.

8. Vermeide die Häufung gleichartiger Wörter!

Nicht:	Sondern:
Wenn ihr ihr ihre Freude nicht nehmt, dann . . .	Nehmt ihr nicht ihre Freude, dann . . .
Er ist bedeutender als Denker als als Dichter.	Er ist bedeutender als Denker wie als Dichter.
Das Lied, das das Mädchen gesungen hatte, gefiel allgemein.	Das Lied, welches das Mädchen gesungen hatte, gefiel allgemein.
An für den Verkäufer unannehmbaren Bedingungen scheiterte das Geschäft.	An Bedingungen, welche für den Verkäufer unannehmbar waren, scheiterte das Geschäft.
Aus der von dem in der einschlägigen Literatur bewanderten Kritiker aufgestellten Behauptung folgert, daß . . .	Aus der Behauptung, welche der in der einschlägigen Literatur bewanderte Kritiker aufgestellt hat, folgert, daß . . .

9. Besondere Achtsamkeit erfordert die Verneinung.

a) Doppelte Verneinung bedeutet Bejahung.

Nicht:	Sondern:
Er hatte keinen Erfolg nicht.	Er hatte keinen Erfolg.
Er warnte ihn, nicht davonzulaufen.	Er warnte ihn vor dem Davonlaufen.
Er verbot ihm, nicht zu schießen.	Er verbot ihm zu schießen.
Ich gab ihm niemals kein Geld.	Ich gab ihm niemals Geld.

b) „Kein" ist besser als „nicht".

Nicht:	Sondern:
Eine Beglaubigung brachte er nicht bei.	Er brachte keine Beglaubigung bei.
Eine Anzeige wurde nicht gemacht.	Es wurde keine Anzeige gemacht.
Eine Ueberraschung erlebte ich nicht.	Ich erlebte keine Ueberraschung.
Einer Lüge ist er nicht fähig.	Er ist keiner Lüge fähig.

10. Verwende die richtigen Verhältniswörter!

Nicht:	Sondern:
Der zweite Stock ist von den Wachtmeistern belegt.	. . . ist mit den Wachtmeistern belegt.
Die Uneinigkeit, die in den Deutschen herrschte, . . .	Die Uneinigkeit, die unter den Deutschen herrschte . . ,
Ich gehe zum Büro.	Ich gehe in das Büro.

11. Gebrauche die Fürwörter richtig!

a) Prüfe, ob das Fürwort wirklich die Person oder Sache vertritt, für die es stehen soll.

Nicht:	Sondern:
Der Beamte breitete vor den Augen der Fremden zwei Karten aus und sagte zu ihnen, daß . . .	Der Beamte breitete zwei Karten aus und sagte zu den Fremden, daß . . .
Die Stadt hat eine Beamtin angestellt. Sie soll mit der Armenfürsorge betraut werden.	. . . angestellt, welche mit der Armenfürsorge betraut werden soll.
Der Schutzmann weckte den Schläfer auf. Er war betrunken.	. . . den Schläfer auf. Derselbe war betrunken.

b) Das Fürwort muß dem vorangehenden Hauptwort entsprechen.

Nicht:	Sondern:
Als ich das Fräulein ansprach, gab sie keine Antwort.	. . . ansprach, gab es keine Antwort.
Wenn der Zuhörer aufmerkte, weiß man völlig Bescheid.	. . ., weiß er völlig Bescheid.
Wenn die Besucher den Saal betreten, sind wir entzückt von dem sich bietenden Anblick.	. . . betreten, sind sie entzückt von dem sich bietenden Anblick.

c) Erst das Hauptwort, dann das Fürwort!

Nicht:	Sondern:
Nachdem sie dasselbe erkannt hatten, beseitigten die Beamten sofort das Hindernis.	Nachdem die Beamten das Hindernis erkannt hatten, beseitigten sie es sofort.
Wenn sie ihm von Zeugen bestätigt worden wäre, hätte der Beamte die Nachricht weitergegeben.	Wenn dem Beamten die Nachricht von Zeugen bestätigt worden wäre, hätte er sie sofort weitergegeben.

12. Leite den Nebensatz mit dem richtigen Bindewort ein!

Nicht:	Sondern:
Nachdem ich abwesend war, konnte ich nicht schreiben.	Weil ich abwesend war, konnte ich nicht schreiben.
In der Annahme, wenn Sie einwilligen, bringe ich die Sache zum Abschluß.	In der Annahme, daß Sie einwilligen, bringe ich die Sache zum Abschluß.

Wie ich vorbeiging, hörte ich einen Schrei.	Als ich vorbeiging, hörte ich einen Schrei.
Der Unfall entstand dadurch, weil der Fahrer nicht gebremst hatte.	Der Unfall entstand dadurch, daß der Fahrer nicht gebremst hatte

13. Mittelwörter und Nennformen müssen vermieden werden, wenn nicht ganz klar ist, auf wenn sie sich beziehen.

Mit Nennformen und Mittelwörtern werden verkürzte Nebensätze gebildet. Nebensätze dürfen nur verkürzt werden, wenn Haupt- und Nebensatz den gleichen Satzgegenstand haben.

Nicht: Ich hielt einen Handwerksburschen auf, ohne Papiere zu haben. Sondern: Ich hielt einen Handwerksburschen auf, welcher keine Papiere hatte. Nicht: Mein Vater schickte mich in die Lehre, um das Schreinerhandwerk zu erlernen. Sondern: Mein Vater schickte mich in die Lehre, damit ich das Schreinerhandwerk erlerne. Nicht: Kein Wort sprechend, war seine Zunge gelähmt vor Schreck. Sondern: Er sprach kein Wort. Seine Zunge war gelähmt vor Schreck. Nicht: Nicht geladen, ließ der Angreifer den Revolver fallen. Sondern: Der Angreifer ließ den Revolver fallen, welcher nicht geladen war. Nicht: Im Fluß ertrunken, zog ich die Leiche des Mannes heraus. Sondern: Ich zog die Leiche des Mannes heraus, welcher im Fluß ertrunken war.

14. Vermeide Fehler bei der Zusammenziehung gleichartiger Satzteile!

Nicht:	Sondern:
Lieber Herr und Frau Müller!	Lieber Herr u. liebe Frau Müller!
Heute starb unser guter Gatte, Vater und Großvater.	Heute starb mein guter Gatte, unser Vater und Großvater.
Es geschah mit seinem Wissen und Einwilligung.	Es geschah mit seinem Wissen und seiner Einwilligung.
Der Lack dient zum Anstreichen, Auffrischen und Erneuerung von Bilderrahmen.	Der Lack dient zum Anstreichen, zum Auffrischen und zur Erneuerung von Bilderrahmen.

15. Muß die Satzaussage in der Einzahl oder in der Mehrzahl stehen?

Die Satzaussage muß in der gleichen Zahl stehen wie der Satzgegenstand. Also: Eine Menge von Menschen schaute (nicht: schauten) zu. Kinder begannen zu schreien.

Wenn mehrere Satzgegenstände ohne Bindewort nebeneinander stehen oder wenn sie durch „und" verbunden sind, muß die Satzaussage in der Mehrzahl stehen, sonst in der Einzahl.

Also: Frauen, Kinder, Greise, jammerten. Schreiner, Schmiede, Schlosser und Mechaniker sind Handwerker. Gendarmen und Schutzleute sperrten die Straße ab.

Dagegen: Polizei oder Reichswehr wird den Platz bewachen. Weder der Vater noch die Tochter hatte einen Fahrschein. Sowohl die Feuerwehr als auch die Sanitätskolonne war am Platz.

16. Mache vollständige Sätze.

a) Einzelne Satzteile dürfen nicht allein stehen. Nebensätze sind zwar Sätze, sie haben aber ohne Hauptsatz keinen Sinn.

Falsch: Aus Ärger über sein Mißgeschick. Auf Grund der gemachten Vorschläge. Worauf er davonlief. Den er festnahm.

Richtig: Er ärgerte sich über sein Mißgeschick. Er schloß ab auf Grund der gemachten Vorschläge. Nach dem Anruf lief er davon. Es kam ein Landstreicher, den er festnahm.

b) Fehlerhaft ist die Weglassung des Satzgegenstandes.

Richtig: Kam dann in die Schule. Trat hierauf eine Stelle an. Erlaube mir eine Anfrage. Suchen eine Firma. Geben bekannt.

Sondern: Ich kam dann in die Schule. Ich trat hierauf eine Stelle an. Ich erlaube mir eine Anfrage. Wir suchen eine Firma. Wir geben bekannt.

Wer einen Satz nicht mit „ich" beginnen will, stelle einen Nebensatzteil voraus. Beispiel: Gestern ging ich fort. Unter diesen Umständen verzichte ich auf ihre Gesellschaft.

c) Die Satzaussage muß vollständig sein.

Er erinnerte sich der Begegnung, welche er mit ihm gehabt. (Richtig: . . . gehabt hatte.) Er verlor das Geldstück, das ich ihm gegeben. (Richtig: . . . gegeben hatte.) Das ist der Wagen, in dem ich angekommen. (Richtig: . . . angekommen bin.)

17. Bringe nicht zuviel in einem Satz unter!

„Bandwürmer" der nachfolgenden Art sind schwülstig und schwerfällig. Sie müssen in mehrere kürzere Sätze aufgelöst werden.

Selbstverständlich ist, daß der Staat, der neben der Landwirtschaft, welche die Grundlage seiner Volkswirtschaft bildet, eine gut entwickelte Industrie besitzt, die alle Rohprodukte verarbeiten kann, die im Lande vorhanden sind, anderen Staaten gegenüber im Vorteil ist.

In der Annahme, daß dem Antrag der Gemeindebehörden entsprochen werden soll, wonach künftig Konzessionen zum Bierausschenken nur mehr erteilt werden sollen, wenn ein zwingender Grund hiefür vorliegt, wurde eine Bekanntmachung erlassen des Inhaltes, daß bis auf weiteres Gesuche um solche Konzessionen zwecklos sind, weil ihre Verbescheidung zur Zeit nicht möglich ist.

Der erste Satz enthält zu viele gleichartige Nebensätze. Im zweiten Satz ist eine Anzahl Haupt- und Nebensätze zu einem unnatürlichen Ganzen zusammengezogen worden.

Aufgelöst lauten die Sätze etwa so:

Die Landwirtschaft bildet die Grundlage der staatlichen Wirtschaft. Nicht minder wertvoll aber ist die Industrie, welche die im Lande vorhandenen Rohprodukte verarbeitet. Selbstverständlich ist der Staat, welcher neben einer blühenden Landwirtschaft eine gut entwickelte Industrie besitzt, anderen Staaten gegenüber im Vorteil.

Die Gemeindebehörden stellten den Antrag, demzufolge Konzessionen zum Bierausschenken nur mehr beim Vorliegen zwingender Gründe erteilt werden sollen. Wir nahmen an, daß diesem Antrag entsprochen werden soll. Deshalb erließen wir eine Bekanntmachung des Inhaltes, daß bis auf weiteres Gesuche um solche Konzessionen zwecklos sind, da ihre Verbescheidung zur Zeit nicht möglich ist.

18. Die einzelnen Teile des Satzes müssen so aufeinanderfolgen, daß keine Unklarheiten entstehen können.

a) Gewöhnlich beginnt der Satz mit dem Satzgegenstand. Diesem folgt die Satzaussage und dann erst kommen Ergänzungen und Umstände. Beispiel: Der Schutzmann verbrachte den Täter auf die Polizeiwache.

Um Abwechslung zu erzielen, beginnt man häufig einen Satz mit der Ergänzung oder mit dem Umstand. Beispiel: Auf der Polizeiwache stellte er die Personalien desselben fest.

Hiebei ist aber zu beachten, daß keine Zweideutigkeiten entstehen.

Falsch: Die Kuh ersetzt armen Leuten die Ziege. Aushilfe sucht eine Wirtschaft für eine erkrankte Kellnerin. Die Ablösungsmannschaft stellt Wache 2.

Richtig: Die Ziege ersetzt armen Leuten die Kuh. Eine Wirtschaft sucht eine Aushilfe für eine erkrankte Kellnerin. Die Wache 2 stellt die Ablösungsmannschaft.

Falsche Wortstellung liegt auch vor in folgenden Sätzen: Ich beobachtete eine Frau beim Stehlen in der Schillerstraße. Der Abgeordnete sprach über die Besoldung der Beamten im Löwenbräukeller. — Verbessern!

b) Verbreitet ist besonders die — fehlerhafte — Vorausnahme der Satzaussage nach „und".

Falsch: Den Lebenslauf habe ich bereits dem Gesuch beigefügt und werde ich das verlangte Leumundszeugnis baldigst einsenden. Neue Artikel haben wir auf der Messe eingekauft und sind wir nun in der Lage, allen Ansprüchen gerecht zu werden. Die Anzeige ist eingelaufen und haben wir sie bereits an das Amtsgericht weitergegeben.

Richtig: ...und ich werde das verlangte Leumundszeugnis baldigst nachliefern. ... und wir sind nun in der Lage, allen Ansprüchen zu genügen. ... und wir haben sie bereits an das Amtsgericht weitergegeben.

19. Achte darauf, daß der Nebensatz am richtigen Platz steht!

Das beziehende Fürwort (der, die, das, welcher, welche usw.) muß dicht hinter dem Wort stehen, auf das es sich bezieht.

Falsch: Ich erschoß den tollen Hund des Metzgers, welcher eben eine Frau gebissen hatte. Ein Auto fuhr in einen Obstladen, dessen Bremse nicht in Ordnung war. Ein Dachziegel erschlug einen Spaziergänger, den der Wind losgelöst hatte.

Richtig: Ich erschoß des Metzgers tollen Hund, der eben eine Frau gebissen hatte. Ein Auto, dessen Bremse nicht in Ordnung war, fuhr in einen Obstladen. Ein Dachziegel, den der Wind losgelöst hatte, erschlug einen Spaziergänger.

20. Im Nebensatz muß die Satzaussage am Schlusse stehen.

Falsch: Ich fragte ihn, ob er komme von München. Der Einbrecher warf den Sack weg, weil er ihm zu schwer war und er hinderte ihn am Laufen. Der Verein gibt bekannt, daß die Obstpresse nun aufgestellt ist und es kann jeden Nachmittag gepreßt werden.

Richtig: Ich fragte ihn, ob er von München komme. Der Einbrecher warf den Sack weg, weil er ihm zu schwer war und er ihn am Laufen hinderte. Der Verein gibt bekannt, daß die Obstpresse nun aufgestellt ist und daß jeden Nachmittag gepreßt werden kann.

21. Die Teile der Satzaussage dürfen nicht zu weit voneinander entfernt stehen.

Falsch: Unser Vorstand nimmt an dem Kongreß, welcher in einigen Monaten in Berlin stattfindet, teil. Der angeforderte Akt ging an dem gleichen Tage, an dem das Amtsgericht darum ersucht hatte, ab. Der Betrüger wurde, als er sich in einer Wirtschaft ein neues Opfer suchte, verhaftet.

Richtig: Unser Vorstand nimmt teil an dem Kongreß, welcher... Der angeforderte Akt ging am gleichen Tage ab; an dem ... Der Betrüger wurde verhaftet, als er sich...

22. Behalte die einmal gewählte Zeit des Tätigkeitswortes bei, solange keine Notwendigkeit zu seinem Wechsel besteht.

Im allgemeinen steht das Tätigkeits- oder Hilfszeitwort bei der Beschreibung und Abhandlung in der Gegenwart, bei der Erzählung in der 1. Vergangenheit. Die gewählte Zeit muß während der ruhig fortlaufenden Ausführung beibehalten werden.

Falsch: Der Einbrecher lief die Münchnerstraße entlang. Unterwegs warf er seine Beute weg. Plötzlich dreht er sich um und schießt auf seine Verfolger. Dann rannte er weiter. Da stolpert er und fällt zu Boden. Hierauf konnte ihn ein Schutzmann festnehmen.

Fehlerhaft ist hier der Wechsel zwischen Gegenwart und Vergangenheit. Die Tätigkeitswörter müssen heißen: lief, warf, drehte, schoß, rannte, stolperte, fiel, konnte.

Die wörtliche Rede.

I. Wesen.

Die wörtliche oder direkte Rede führt die Worte des Sprechenden genau so an, wie sie gesprochen wurden. Bei derselben unterscheiden wir zwei Teile, den Einleitungssatz und den Anführungssatz. Der Einleitungs- oder Erzählsatz (E) enthält die Person (oder die personifizierte Sache), welche spricht. Der Anführungssatz (A), auch Redesatz genannt, führt die Rede wortwörtlich an.

II. Beispiel.

Aus einem Bericht.

1. Der Zeuge Otto Jäger führte aus: „Das Auto hat die Kurve stark geschnitten, ohne dabei ein Zeichen zu geben."

2. „Ich bin vorschriftsmäßig gefahren", sprach der Chauffeur Niedermaier dazwischen, „und habe zweimal gehupt."

3. „Der Wagen fuhr noch dazu sehr rasch, Herr Wachtmeister," gab mir der Zeuge weiter an.

4. „Lügen Sie doch nicht so!" rief darauf erregt der Beschuldigte.

5. „Wissen Sie nicht, daß man an unübersichtlichen Stellen langsam fahren muß?" fragte Herr Jäger.

6. „Herr Jäger," antwortete der Gefragte, „das weiß ich auch ohne Sie!"

7. „Wenn Sie sich nicht anständig benehmen, rede ich überhaupt nicht mehr mit Ihnen," entgegnete darauf Herr Jäger.

8. „Dummer Mensch," gab ihm der Angeredete zur Antwort, „halten Sie endlich einmal Ihren Mund! Sonst kann ich mich nicht mehr beherrschen."

9. Zu mir sprach Niedermaier dann: „Sie sind hier überflüssig."

10. Ich sagte: „Nein. Wenn Sie richtig gefahren wären, bräuchte ich nicht hier zu sein."

Karl Ernsberger,
Pol.-Oberwachtmeister.

Die nichtwörtliche Rede.

I. Wesen.

Durch die nichtwörtliche oder indirekte Rede wird nur der Inhalt dessen festgelegt, was gesprochen wurde, nicht aber dessen Wortlaut. Sie sind deshalb im Gegensatz zur wörtlichen Rede unbestimmt. Auch bei der indirekten Rede unterscheiden wir den Einleitungssatz vom Anführungssatz. Letzterer müßte hier eigentlich „Rede-Inhaltssatz" heißen.

II. Beispiel.

Aus einem Bericht.

1. Der Zeuge Otto Jäger führte aus, daß das Auto die Kurve stark geschnitten habe, ohne dabei ein Zeichen zu geben.

2. Er sei vorschriftsmäßig gefahren, sprach der Chauffeur Niedermaier dazwischen, und habe zweimal gehupt.

3. Der Wagen sei noch dazu sehr rasch gefahren, gab mir der Zeuge weiter an.

4. Er solle doch nicht so lügen, rief darauf erregt der Beschuldigte.

5. Ob er nicht wisse, daß man an unübersichtlichen Stellen langsam fahren müsse, fragte Herr Jäger.

6. Der Gefragte antwortete dem Herrn Jäger, das wisse er auch ohne ihn.

7. Darauf entgegnete Herr Jäger, er rede überhaupt nicht mehr mit Niedermaier, wenn dieser sich nicht anständig benehme.

8. Er sei ein dummer Mensch, gab ihm der Angeredete zur Antwort, er solle endlich einmal seinen Mund halten. Sonst könne er (Niedermaier) sich nicht mehr beherrschen.

9. Zu mir sprach Niedermaier dann, ich sei hier überflüssig.

10. Ich sagte, ich sei hier nicht überflüssig. Wenn er richtig gefahren wäre, bräuchte ich nicht hier zu sein.

Karl Ernsberger,
Pol.-Oberwachtmeister.

Die wörtliche Rede.

III. Ableitung der Regeln.

1. Satz.

Einleitungssatz (E): Der Zeuge Otto Jäger führte aus.
Anführungssatz (A): „Das Auto hat die Kurve stark geschnitten, ohne dabei ein Zeichen zu geben."

Der E steht vor dem A. In diesem Falle macht man am Schluß des E einen Doppelpunkt und fängt die wörtliche Rede mit einem großen Anfangsbuchstaben an. Das erste Wort des A heißt „das", das letzte „geben". Unten vor dem ersten Wort und oben nach dem letzten Wort des A macht man je ein Anführungszeichen.

2. Satz.

E: sprach der Chauffeur dazwischen.
A: „Ich bin vorschriftsmäßig gefahren und habe zweimal gehupt."

Der E steht hier mitten im A. Er wird durch je ein Komma an seinem Anfang und Ende von dem A getrennt. Der A ist in zwei Teile gespalten. J e d e r Teil muß in Anführungszeichen gesetzt werden. Nach dem Komma muß mit einem kleinen Anfangsbuchstaben weitergefahren werden.

3. Satz.

E: gab der Zeuge an.
A: „Der Wagen ist noch dazu sehr rasch gefahren, Herr Wachtmeister."

Der E steht nach dem A. Er ist durch ein Komma von ihm getrennt (kleiner Anfangsbuchstabe!). Der A ist durch Anführungszeichen am Anfang und Schluß gekennzeichnet.

4. Satz.

E: rief darauf erregt der Beschuldigte.
A: „Lügen Sie doch nicht so!"

Auch hier ist der E ein Nachsatz. Der A ist ein Befehlssatz und hat deshalb am Schlusse ein Rufzeichen. Das Anführungszeichen am Schlusse steht n a c h dem Rufzeichen. Das Rufzeichen vertritt hier gleichzeitig die Stelle des trennenden Kommas. Wir fahren mit einem kleinen Anfangsbuchstaben weiter (rief). „Sie" ist ein persönliches Fürwort. Es bezieht sich auf die angesprochene Person und wird wie in Briefen aus Höflichkeit groß geschrieben, aber bloß i n n e r h a l b der wörtlichen Rede.

5. Satz.

E: fragte Herr Jäger.
A: „Wissen Sie nicht, daß man an unübersichtlichen Stellen langsam fahren muß?"

Der E steht nach dem A. Der A ist ein Fragesatz. Nach dem Fragezeichen schreiben wir hier klein weiter. Das Komma vor dem E fällt weg. Das persönliche Fürwort „Sie" ist wieder groß geschrieben.

6. Satz.

E: antwortete der Gefragte.
A: „Herr Jäger, das weiß ich auch ohne Sie."
Siehe Erläuterungen zum 2. Satz!

7. Satz.
E: entgegnete darauf Herr Jäger.
A: „Wenn Sie sich nicht anständig benehmen, rede ich überhaupt nicht mehr mit Ihnen."
Siehe Erläuterungen zum 3. Satz! „Sie, Ihnen" sind als Anredefürwörter im A groß geschrieben.

8. Satz.
E: gab ihm der Angeredete zur Antwort.
A: „Dummer Mensch, halten Sie endlich einmal Ihren Mund! Sonst kann ich mich nicht mehr beherrschen."
Siehe Erläuterungen zum 2. Satz! — „Sie" wird groß geschrieben, „ich" aber klein, weil es sich nicht auf die angesprochene Person bezieht, sondern für die sprechende Person steht. Das Fürwort „ihm" vertritt zwar die angesprochene Person. Es muß aber klein geschrieben sein, weil es ja nicht in der wörtlichen Rede, sondern im Einleitungssatz steht. Die wörtliche Rede umfaßt hier zwei Sätze. Das Schluß-Anführungszeichen darf nicht schon nach „Mund", sondern erst nach „beherrschen" gemacht werden. Auch wenn die wörtliche Rede noch zwanzig zusammenhängende Satze hätte, dürfte das Schlußzeichen nicht nach irgendeinem Satz, sondern erst am Schluß der gesamten wörtlichen Rede gemacht werden.

9. Satz.
E: Zu mir sprach Niedermaier dann.
A: „Sie sind hier überflüssig."
Siehe Erläuterungen zum 1. Satz!

10. Satz.
E: Ich sagte.
A: „Nein. Wenn Sie richtig gefahren wären, bräuchte ich nicht hier zu sein." Die Tätigkeitswörter „gefahren wären" und „bräuchte" stehen hier (im Bedingungssatz) nicht in der Wirklichkeitsform, sondern in der Möglichkeitsform. Im übrigen siehe Erläuterungen zum 1. Satz!

IV. Zusammenfassung der Regeln der wörtlichen Rede.

1. Wie wird der Anführungssatz äußerlich kenntlich gemacht?

Der Anführungssatz wird mit Anführungszeichen versehen. Das erste Zeichen steht unten vor dem ersten, das zweite oben nach dem letzten Wort der wörtlichen Rede. Das Frage- und das Rufzeichen gehören zur wörtlichen Rede, darum muß das Schluß-Anführungszeichen nach diesem gemacht werden.

2. Wo kann der Einleitungssatz stehen?

Der Einleitungssatz kann vor, nach und mitten in dem Anführungssatz stehen. Von seiner Stellung sind die anzuwendenden Satzzeichen abhängig.

3. Welche Satzzeichen müssen gesetzt werden und wie wird das Wort nach demselben geschrieben?

a) Steht der Einleitungssatz vor dem Anführungssatz, so machen wir am Schlusse des Einleitungssatzes einen Doppelpunkt und schreiben das erste Wort der wörtl. Rede mit einem großen Anfangsbuchstaben.

b) Steht der Einleitungssatz nach dem Anführungssatz, so trennen wir ihn von demselben durch ein Komma, ein Ausrufe- oder Fragezeichen. Das erste Wort des Anführungssatzes wird in jedem dieser Fälle klein geschrieben.

c) Steht der Einleitungssatz mitten im Anführungssatz, so wird er von diesem durch je ein Komma an seinem Anfang und Schluß getrennt. Jeder Teil des Anführungssatzes wird mit Anführungszeichen versehen.

4. Was ist über das persönliche Fürwort im Anführungssatz zu merken?

Wenn ein Fürwort im Anführungssatz die angesprochene Person vertritt (also immer 2. Person: du, ihr, Sie), so wird es groß geschrieben. Im Einleitungssatz werden alle Fürwörter klein geschrieben.

5. In welcher Form steht das Zeitwort im Anführungssatz?

Das Zeitwort (Tätigkeitswort) steht meist in der Wirklichkeitsform oder in der Befehlsform, selten aber, nur in Bedingungs- oder Wunschsätzen, in der Möglichkeitsform.

Die nichtwörtliche Rede.

III. Ableitung der Regeln.

Bei der Uebertragung der wörtlichen in die nichtwörtliche Rede ergibt sich folgendes:

1. Satz.

Der Einleitungssatz heißt: Der Zeuge Otto Jäger führte aus. Derselbe ist gleich geblieben, während sich der Anführungssatz geändert hat. Letzterer heißt jetzt: . . . , daß das Auto die Kurve stark geschnitten habe, ohne ein Zeichen zu geben.

Wenn der Einleitungssatz vorne steht, läßt sich fast jede wörtliche Rede mit „daß" einleiten. Hierdurch wird besonders die Bildung der ungewohnten Möglichkeitsform des Tätigkeitswortes erleichtert. In schwierigen Fällen beginne man deshalb die nichtwörtliche Rede immer mit „daß". Das Hilfszeitwort „hat" steht nun in der Möglichkeitsform und heißt „habe". Die Anführungszeichen sind weggefallen, an die Stelle des Doppelpunktes ist ein Komma getreten.

2. Satz.

Der Einleitungssatz ist gleich geblieben und hat seine Stellung behalten. Besondere Beachtung müssen wir immer dem Tätigkeitswort schenken. „Ich bin gefahren und habe gehupt" ist die Wirklichkeitsform der 2. Vergangenheit. „Er sei gefahren und habe gehupt" ist die 2. Vergangenheit der Möglichkeitsform. Die Zeit des Tätigkeitswortes wird, wenn irgend möglich, beibehalten, die Wirklichkeitsform wird in die Möglichkeitsform umgewandelt. Auch das Fürwort ändert sich in vielen Fällen. Hier ist an die Stelle des Fürwortes der ersten Person (ich) dasjenige der 3. Person getreten (er). Anführungszeichen werden bei der indirekten Rede nicht gesetzt.

Bei der Besprechung der folgenden Sätze werden nur mehr die für den betreffenden Satz charakteristischen Aenderungen besprochen, die bisher schon genannten aber weggelassen oder nur kurz angedeutet.

3. Satz.

Weggefallen ist die Anrede „Herr Wachtmeister", weil das Wörtlein „mir" im Einleitungssatz schon anzeigt, wem die Anrede gilt. Die Möglichkeitsform von „fuhr" heißt „führe". Diese würde aber hier die Zeit der Handlung nicht richtig ausdrücken, deshalb tritt anstelle der Möglichkeitsform der 1. Vergangenheit diejenige der 2. Vergangenheit (sei gefahren).

In verschiedenen Fällen müssen wir sogar die Möglichkeitsform der 3. Vergangenheit anwenden, analog unserer Forderung über die Zeit des Tätigkeitswortes in der Erzählung Seite 11. Beispiel:

Ich sagte zu ihm: „Ich aß gestern den ganzen Tag". Uebertragung: Ich sagte zu ihm, ich hätte gestern den ganzen Tag gegessen. (Nicht „äße" oder „habe gegessen".)

Man darf aber die 3. Vergangenheit anstelle anderer Zeiten nicht anwenden, wenn keine zwingende Notwendigkeit hiefür besteht. Beispiel:

Falsch: Er sagte, er hätte sein ganzes Geld verloren. (3. Vergangenheit statt Gegenwart)

Richtig: Er sagte, er habe sein ganzes Geld verloren.

Falsch: Der Arzt sagte, die Wunden wären tödlich. (3. statt 2. Vergangenheit).

Richtig: Der Arzt sagte, die Wunden seien tödlich.

Merke: Solange man die Formen von „sei“ und „habe“ anwenden kann, darf man nicht diejenigen von „wäre“ und „hätte“ verwenden.

Hierher gehört auch, was auf Seite 83 Ziff. 5 . . . über den Wechsel der Zeiten bei Anwendung der Möglichkeitsform ausgeführt ist.

Die Aufstellung einer für alle Fälle passenden Regel ist unmöglich. Grammatikalisch Ungeschulten muß das durch Uebung verfeinerte Sprachgefühl über Schwierigkeiten hinweghelfen.

4. Satz.

„Lügen Sie nicht!“ ist umschrieben mit „er solle nicht lügen“. Die Befehlsform wird immer durch die Möglichkeitsform von „sollen“ oder „mögen“ umschrieben.

Das Fürwort der 2. Person (Sie) ist ersetzt durch dasjenige der 3. Person. Die Stelle des Rufzeichens hat das Komma eingenommen. In der nichtwörtlichen Rede werden alle Fürwörter klein geschrieben.

5. Satz.

Die Tätigkeitswörter „weiß“ und „muß“ sind in die Möglichkeitsform der gleichen Zeit gesetzt (wisse, müsse). Statt „Sie“ haben wir wieder „er“. Das Fragezeichen ist durch ein Komma ersetzt. In der nichtwörtlichen Rede gibt es kein Frage- oder Rufzeichen, sondern nur ein Komma oder (am Schlusse) einen Punkt.

Die wörtliche Rede enthält einen Fragesatz. Die indirekte Frage wird immer durch „ob“ eingeleitet, es sei denn, daß die entsprechende direkte Frage ein Fragewort enthält. Beispiel:

Ich fragte: „**Wer** hat den Unfall beobachtet?“ Uebertragung: Ich fragte, **wer** den Unfall beobachtet habe.

6. Satz.

Der Einleitungssatz ist etwas umgestellt und hat außerdem die Anrede „Herr Jäger“ in sich aufgenommen. (Wenn wir dieselbe im Anführungssatz belassen wollten, was hier möglich ist, müssen wir übertragen: Der Gefragte antwortete, das wisse er auch ohne den Herrn Jäger.)

Fürwörter: ich, Sie — er, ihn. Tätigkeitswort: weiß — wisse.

7. Satz.

Wortgetreu übertragen heißt der Satz so: Wenn er sich nicht anständig benehme, rede er überhaupt nicht mehr mit ihm, entgegnete darauf Herr Jäger. Hier entsteht aber eine Unklarheit darüber, wer mit den Fürwörtern (er, ihm) gemeint ist. Diese müssen deshalb durch Einsetzung eines Namens oder eines hinweisenden Fürwortes (Niedermaier, dieser) verdeutlicht werden.

Es ist richtig, daß auch in der nichtwörtlichen Rede der Einleitungssatz als Vorder-, Zwischen- oder Nachsatz auftreten kann. Vielfach aber ist es stilistisch besser, wenn wir den Einleitungssatz an die Spitze stellen. Durch Umstellung auch der Nebensätze erhöhen wir die Deutlichkeit.

8. Satz.

„Dummer Mensch“ ist ein unvollständiger Satz. Er soll heißen: „Sie sind ein dummer Mensch“. In der nichtwörtlichen Rede aber müssen alle Sätze vollständig sein. Darum muß es hier heißen: Er sei ein dummer Mensch.

Von den drei Fürwörtern „er“ läßt das letzte Zweifel über die handelnde Person aufkommen. Wir können dem abhelfen, indem wir nach dem Fürwort in Klammern den Namen der Person einfügen.

Die Befehlsform ist wieder durch „solle“ umschrieben.

Der letzte Satz (Sonst . . .) ist ein Nebensatz in der Maske eines Hauptsatzes. Auch wenn hier noch 20 übertragene Sätze kämen, würden wir entgegen sonstiger Gepflogenheit nach jedem dieser Nebensätze einen Punkt machen und mit einem großen Anfangsbuchstaben weiterfahren.

9. Satz.

An Stelle des Fürwortes der 2. Person (Sie) steht diesmal dasjenige der 1. Person (ich), weil die angesprochene Person und der Berichtschreiber ein und dieselbe Person sind.

10. Satz.

Die Verneinung und die Bejahung („nein" und „ja") müssen in der indirekten Rede durch einen ganzen Satz ausgedrückt werden. Man könnte sich aber aber auch so behelfen: Ich verneinte dies und sagte, wenn er ...

Tätigkeitswörter: gefahren wäre, bräuchte — gefahren wäre, bräuchte. Hier stehen die Tätigkeitswörter schon in der direkten Rede in der Möglichkeitsform, da wir es mit einem Bedingungssatz zu tun haben. Eine Aenderung der Tätigkeitswörter kann deshalb nicht in Frage kommen.

IV. Zusammenfassung der Regeln.

1. In welcher Form und Zeit steht das Tätigkeitswort in der nichtwörtlichen Rede?

Das Tätigkeitswort steht immer in der Möglichkeitsform. Die Befehlsform wird durch die Möglichkeitsform von „sollen" oder „mögen" umschrieben.

Das Tätigkeitswort steht außerdem in der gleichen Zeit, in der es in der entsprechenden wörtlichen Rede steht. Nur wenn hiebei die Möglichkeits- und Wirklichkeitsform gleichlauten oder wenn dadurch nicht genügend zum Ausdruck kommt, wann die Tätigkeit sich abgespielt hat, ändert sich die Zeit.

2. Was ist über das Fürwort in der nichtwörtlichen Rede zu sagen?

In der nichtwörtlichen Rede kann das Fürwort der 1., 2. und 3. Person auftreten. Wenn die Äußerungen dritter Personen wiedergegeben werden, was im Bericht vielfach der Fall ist, verwenden wir immer das Fürwort der 3. Person. — Alle Fürwörter werden in der nichtwörtlichen Rede klein geschrieben.

3. Wo steht der Einleitungssatz in der nichtwörtlichen Rede?

Der Einleitungssatz kann als Vorder-, Zwischen- und Nachsatz auftreten. In vielen Fällen ist es stilistisch am besten, wenn man den Einleitungssatz vornehin stellt.

4. Auf welche Weise erleichtern wir uns den Satzbau bei der nichtwörtlichen Rede?

Die richtige Form der nichtwörtlichen Rede ergibt sich fast von selber, wenn wir die Rede mit „daß" beginnen. Es wirkt aber unschön, wenn j e d e r Satz mit „daß" anfängt. Deshalb gebrauchen wir diese Hilfe nur bei schwierigen Sätzen.

5. Wie wird die nichtwörtliche Frage eingeleitet?

Die nichtwörtliche Frage wird durch „ob" eingeleitet, wenn nicht die ihr entsprechende wörtliche Frage ein eigenes Fragewort enthält.

6. Welche Satzzeichen werden bei der nichtwörtlichen Rede angewendet?

Bei der nichtwörtlichen Rede gibt es keinen Doppelpunkt, keine Anführungszeichen, kein Frage- und kein Ausrufezeichen. Zur Trennung der Satzteile und Sätze voneinander werden nur Beistriche und Punkte verwendet.

Die Möglichkeitsform.

1. **Welche Redeweisen unterscheiden wir beim aussagenden Tätigkeitswort?**

Wir unterscheiden drei Redeweisen: die Wirklichkeitsform, die Möglichkeitsform und die Befehlsform.

„Ich gehe aus." Hier tue ich das Gesagte gewiß oder wirklich.

„Ich ginge aus, wenn ..." Hier ist es ungewiß, immerhin aber möglich, daß ich das Gesagte ausführe.

„Geh aus!" Hier befehle ich jemanden, das Gesagte zu tun.

2. **Wann wende ich die Wirklichkeitsform an?**

Wenn ich etwas völlig Gewisses oder die eigene Überzeugung ausdrücken will, wende ich die Möglichkeitsform an.

3. **Welche Unterschiede ergeben sich, wenn wir die sechs Zeitformen der Wirklichkeitsform des Tätigkeitswortes mit denjenigen der Möglichkeitsform vergleichen?**

Siehe Tabelle S. 84! Die Möglichkeitsform unterscheidet sich von der Wirklichkeitsform der Hauptsache nach dadurch, daß bei der Möglichkeitsform die zweite Person in der Einzahl (du) die Endsilbe „est" und in der Mehrzahl (ihr) die Endsilbe „et", weiterhin die dritte Person in der Einzahl (er) die Endung „e" aufweist. In manchen Fällen tritt in der 1. Vergangenheit ein Umlaut (ä, ö, ü) auf. Die erste und die dritte Vergangenheit kann mit „würde" umschrieben werden. (Die Befehlsform muß mit „sollen" oder „mögen" umschrieben werden.)

4. **Bei welcher Aufsatzform kommen beide Redeweisen zur Anwendung?**

Hauptsächlich beim Bericht (Erzählung). Gebe ich in demselben die Aussage einer Person wörtlich an, so gebrauche ich die Wirklichkeitsform, führe ich die Aussage nur inhaltlich (nichtwörtlich) an, so muß ich die Möglichkeitsform anwenden. Bei der Übertragung der wörtlichen in die nichtwörtliche Rede kann Ungeübten die Tabelle der Hilfszeitwörter Seite 86 ff. gute Dienste leisten. Heißt z. B. die wörtliche Rede „Ich bin auswärts gewesen", so sagt die Spalte nebenan, daß man in der nichtwörtlichen Rede schreiben muß: Ich (bzw. er) sei auswärts gewesen. Außerdem folgt weiter unten zu ähnlichem Gebrauche eine Zusammenstellung von Tätigkeitswörtern, deren Möglichkeitsformen, weil ungewohnt, vielfach falsch gebildet werden.

5. Wie macht man die Unbestimmtheit kenntlich, wenn Wirklichkeits- und Möglichkeitsform gleichlauten?

Wenn die Möglichkeitsform der Gegenwart und der 2. Vergangenheit mit der Wirklichkeitsform gleichlauten, so nimmt man für die erste meist die Möglichkeitsform der ersten Vergangenheit, für die zweite diejenige der dritten Vergangenheit.

Beispiel:

Gegenwart:	Wirklichkeitsform:	ich esse
1. Vergangenheit	"	ich aß
2. Vergangenheit	"	ich habe gegessen
3. Vergangenheit	"	ich hatte gegessen
Gegenwart:	Möglichkeitsform:	ich esse
1. Vergangenheit	"	ich äße
2. Vergangenheit	"	ich habe gegessen
3. Vergangenheit	"	ich hätte gegessen.

Wirklichkeits- und Möglichkeitsform der Gegenwart und der 2. Vergangenheit lauten hier gleich.

Ich sagte: „Ich esse schon.“ Soll ich diesen Satz in der nichtwörtlichen Rede niederschreiben, so heißt er eigentlich: Ich sagte, ich esse schon. Damit aber die Ungewißheit besser zum Ausdruck kommt, muß ich die Möglichkeitsform der ersten Vergangenheit anwenden: Ich sagte, ich äße schon. Ebenso ist es mit der zweiten Vergangenheit. Wirklichkeitsform: Ich sagte: „Ich habe schon gegessen.“ Möglichkeitsform: Ich sagte, ich hätte schon gegessen. (3. Vergangenheit anstelle der 2. Vergangenheit.)

6. Wann darf die Umschreibung der 1. und 3. Vergangenheit mit „würde“ nicht angewendet werden?

Die Umschreibung darf nicht angewendet werden in bedingenden Nebensätzen, die mit „wenn“ angehen. Auf „wenn“ darf niemals „würde“ folgen, außer in der Leideform. Im übrigen ist die eigentliche Möglichkeitsform immer besser als die Umschreibung.

Beispiele:

Er käme, wenn er Zeit hätte (nicht: wenn er Zeit haben würde). Er bliebe, wenn sein Vater käme. (Nicht: wenn sein Vater kommen würde.) Er wäre geblieben, wenn sein Vater gekommen wäre. (Nicht: wenn sein Vater gekommen sein würde.)

Dagegen: Es wäre sein Tod, wenn er verurteilt würde. „Er wird verurteilt“ ist die Leideform (Passiv) des Tätigkeitwortes. Zur Bildung desselben brauchen wir das Hilfszeitwort „werden“, weshalb hier „würde“ richtig ist.

Aufgabe.

Wie heißt die Möglichkeitsform der 1. Vergangenheit der nachstehenden Tätigkeitswörter?

Zur Erleichterung bilde man sie auf folgende Weise: Ich gebe, ich gab, ich gäbe. Lösung siehe unten!

a) Ich gebe, breche, esse, komme, messe, sehe, sitze, treffe, steche, trinke, zerbreche, spinne, bitte, erschrecke, lese, nehme, singe, spreche, denke, dringe, trete, verberge, lege, binde, fresse, finde.

b) Ich beginne, dresche, gelte, hebe, rieche, biete, schelte, gieße, befehle, empfehle, erwäge, kann, schwimme, ziehe, schieße, siede.

c) Ich greife, leide, reiße, fange, schneide, gehe.

d) Ich blase, falle, reibe, schlafe, gedeihe, schweige, bleibe, lasse, schreibe, rufe.

e) Ich erwerbe, backe, muß, sterbe, trage, werfe, bewerbe, fahre, helfe, schlage, weiß, verderbe, darf, wachse, erschaffe.

f) Ich besinne mich, spinne, stehle, beginne, gewinne, sinne.

Lösung obiger Aufgabe:

a) Mit ä: Ich gäbe, bräche, käme, mäße, sähe, säße, gewänne, träfe, stäche, tränke, zerbräche, spänne, bäte, erschräke, läse, nähme, sänge, spräche, dächte, dränge, träte, verbärge, läge, bände, fräße, fände.

b) Mit ö: Ich begönne, drösche, gölte, höbe, röche, böte, schölte, gösse, beföhle, empföhle, erwöge, könne, schwömme, zöge, schösse, sötte.

c) Mit i: Ich griffe, litte, risse, finge, schnitte, ginge.

d) Mit ie: Ich bliese, fiele, riebe, schliefe, gediehe, schwiege, bliebe, ließe, schriebe, riefe.

e) Mit ü: Ich erwürbe, ich büke, müsse, stürbe, trüge, würfe, bewürbe, führe, hülfe, schlüge, wüßte, verdürbe, dürfe, wüchse, erschüfe.

f) Mit ä oder ö: Ich besänne oder besönne mich, spänne oder spönne, stähle oder stöhle, begänne oder begönne, gewänne oder gewönne, sänne oder sönne.

Die Möglichkeitsform des Tätigkeitswortes.

Tatform		Leideform
	Gegenwart.	
ich treffe	ich lobe	ich werde gelobt
du treffest	du lobest	du werdest gelobt
er treffe	er lobe	er werde gelobt
wir treffen	wir loben	wir werden gelobt
ihr treffet	ihr lobet	ihr werdet gelobt
sie treffen	sie loben	sie werden gelobt
	1. Vergangenheit.	
ich träfe	ich lobte	ich würde gelobt
du träfest	du lobtest	du würdest gelobt
er träfe	er lobte	er würde gelobt

wir träfen	wir lobten	wir würden gelobt
ihr träfet	ihr lobtet	ihr würdet gelobt
sie träfen	sie lobten	sie würden gelobt

oder: ich würde treffen, loben

2. Vergangenheit.

ich habe getroffen	ich habe gelobt	ich sei gelobt worden
du habest getroffen	du habest gelobt	du seiest gelobt worden

3. Vergangenheit.

ich hätte getroffen	ich hätte gelobt	ich wäre gelobt worden
du hättest getroffen	du hättest gelobt	du wärest gelobt worden

oder: ich würde getroffen haben, gelobt haben

1. Zukunft.

ich werde treffen	ich werde loben	ich werde gelobt werden
du werdest treffen	du werdest loben	du werdest gelobt werden

2. Zukunft.

ich werde getroffen haben	ich werde gelobt haben	ich werde gelobt worden sein
du werdest getroffen haben	du werdest gelobt haben	du werdest gelobt worden sein

Befehlsform.

Umschreibung:

ich, er solle oder möge treffen, loben.
ihr sollet oder möget treffen, loben,

Tabelle der Hilfszeitwörter sein, haben und werden
in der Wirklichkeits- und Möglichkeitsform.

Ein Hilfsmittel
für die Übertragung der wörtlichen in die nichtwörtliche Rede.

Hilfszeitwort sein.

Wirklichkeitsform.	**Möglichkeitsform.**
Gegenwart (Präsens).	
Einzahl:	
1. Person: ich bin	ich sei
2. „ du bist	du seiest
3. „ er ist	er sei
Mehrzahl:	
1. Person: wir sind	wir seien
2. „ ihr seid	ihr seiet
3. „ sie sind.	sie seien.
1. Vergangenheit (Imperfekt).	
ich war	ich wäre
du warst	du wärest
er war	er wäre
wir waren	wir wären
ihr war(e)t	ihr wäret
sie waren.	sie wären.
2. Vergangenheit (Perfekt).	
ich bin gewesen	ich sei gewesen
du bist gewesen	du seiest gewesen
er ist gewesen	er sei gewesen
wir sind gewesen	wir seien gewesen
ihr seid gewesen	ihr seiet gewesen
sie sind gewesen.	sie seien gewesen.
3. Vergangenheit (Plusquamperfekt).	
ich war gewesen	ich wäre gewesen
du warst gewesen	du wärest gewesen
er war gewesen	er wäre gewesen
wir waren gewesen	wir wären gewesen
ihr wart gewesen	ihr wäret gewesen
sie waren gewesen.	sie wären gewesen.
1. Zukunft (Futurum I).	
ich werde sein	ich werde sein
du wirst sein	du werdest sein
er wird sein	er werde sein
wir werden sein	wir werden sein
ihr werdet sein	ihr werdet sein
sie werden sein.	sie werden sein.

2. Zukunft (Futurum II).

ich werde geweſen ſein	ich werde geweſen ſein
du wirſt geweſen ſein	du werdeſt geweſen ſein
er wird geweſen ſein	er werde geweſen ſein
wir werden geweſen ſein	wir werden geweſen ſein
ihr werdet geweſen ſein	ihr werdet geweſen ſein
ſie werden geweſen ſein.	ſie werden geweſen ſein.

Hilfszeitwort haben.

Wirklichkeitsform.		Möglichkeitsform.
Gegenwart (Präſens).		
Einzahl:		
1. Perſon:	ich habe	ich habe
2. „	du haſt	du habeſt
3. „	er hat	er habe
Mehrzahl:		
1. Perſon:	wir haben	wir haben
2. „	ihr habt	ihr habet
3. „	ſie haben.	ſie haben.

1. Vergangenheit (Imperfekt).

ich hatte	ich hätte
du hatteſt	du hätleſt
er hatte	er hätte
wir hatten	wir hätten
ihr hattet	ihr hättet
ſie hatten.	ſie hätten.

2. Vergangenheit (Perfekt).

ich habe gehabt	ich habe gehabt
du haſt gehabt	du habeſt gehabt
er hat gehabt	er habe gehabt
wir haben gehabt	wir haben gehabt
ihr habt gehabt	ihr habet gehabt
ſie haben gehabt.	ſie haben gehabt.

3. Vergangenheit (Plusquamperfekt).

ich hatte gehabt	ich hätte gehabt
du hatteſt gehabt	du hätteſt gehabt
er hatte gehabt	er hätte gehabt
wir hatten gehabt	wir hätten gehabt
ihr hattet gehabt	ihr hättet gehabt
ſie hatten gehabt.	ſie hätten gehabt.

1. Zukunft (Futurum I).

ich werde haben	ich werde haben
du wirst haben	du werdest haben
er wird haben	er werde haben
wir werden haben	wir werden haben
ihr werdet haben	ihr werdet haben
sie werden haben.	sie werden haben.

2. Zukunft (Futurum II).

ich werde gehabt haben	ich werde gehabt haben
du wirst gehabt haben	du werdest gehabt haben
er wird gehabt haben	er werde gehabt haben
wir werden gehabt haben	wir werden gehabt haben
ihr werdet gehabt haben	ihr werdet gehabt haben
sie werden gehabt haben.	sie werden gehabt haben.

Hilfszeitwort werden.

Wirklichkeitsform. **Möglichkeitsform.**

Gegenwart (Präsens).

Wirklichkeitsform	Möglichkeitsform
Einzahl:	
1. Person: ich werde	ich werde
2. „ du wirst	du werdest
3. „ er wird	er werde
Mehrzahl:	
1. Person: wir werden	wir werden
2. „ ihr werdet	ihr werdet
3. „ sie werden.	sie werden.

1. Vergangenheit (Imperfekt).

ich wurde	ich würde
du wurdest	du würdest
er wurde	er würde
wir wurden	wir würden
ihr wurdet	ihr würdet
sie wurden.	sie würden.

2. Vergangenheit (Perfekt).

ich bin geworden	ich sei geworden
du bist geworden	du seiest geworden
er ist geworden	er sei geworden
wir sind geworden	wir seien geworden
ihr seid geworden	ihr seiet geworden
sie sind geworden.	sie seien geworden.

3. Vergangenheit (Plusquamperfekt).

ich war geworden	ich wäre geworden
du warst geworden	du wärest geworden
er war geworden	er wäre geworden
wir waren geworden	wir wären geworden
ihr wart geworden	ihr wäret geworden
sie waren geworden.	sie wären geworden.

1. Zukunft (Futurum I).

ich werde werden	ich werde werden
du wirst werden	du werdest werden
er wird werden	er werde werden
wir werden werden	wir werden werden
ihr werdet werden	ihr werdet werden
sie werden werden.	sie werden werden.

2. Zukunft (Futurum II).

ich werde geworden sein	ich werde geworden sein
du wirst geworden sein	du werdest geworden sein
er wird geworden sein	er werde geworden sein
wir werden geworden sein	wir werden geworden sein
ihr werdet geworden sein	ihr werdet geworden sein
sie werden geworden sein.	sie werden geworden sein.

FSC
www.fsc.org
MIX
Papier | Fördert
gute Waldnutzung
FSC® C083411

Kolibri 360 GmbH
Ferdinand-Jühlke-Straße 7
99095 Erfurt, Deutschland
produktsicherheit@kolibri360.de